Friedrich Schiller

Ausgewählte Briefe

Friedrich Schiller

Ausgewählte Briefe

ISBN/EAN: 9783744719216

Hergestellt in Europa, USA, Kanada, Australien, Japan

Cover: Foto ©Thomas Meinert / pixelio.de

Weitere Bücher finden Sie auf **www.hansebooks.com**

Schillers Ausgewählte Briefe.

SELECTED AND EDITED WITH AN

INTRODUCTION AND COMMENTARY

BY

PAULINE BUCHHEIM

NEW YORK & LONDON
G. P. PUTNAM'S SONS
The Knickerbocker Press
1886

PREFACE.

IN making the present selection from Schiller's correspondence, I have been chiefly guided by the desire to bring together those letters which present the most characteristic view of the development of his genius, and of the various stages of his literary career. Some letters have been chosen either on account of their reference to matters of general interest in Schiller's days, or because they present us with a picture of the manners of his times.

I take it for granted that those readers for whom the correspondence of an author is of interest, are already acquainted with the main facts of his biography and have read at least his best works, so that they possess a good practical and theoretical knowledge of the language in which the letters are written. I have therefore not considered it necessary to give either grammatical rules or simple help-notes, but have confined myself to explaining unusual constructions and idiomatic peculiarities, and to giving such historical, personal, and literary explanations, as seemed necessary for the elucidation of the text.

The introduction gives a brief sketch of those of Schiller's friends to whom the letters are addressed.

I have adopted throughout the reformed orthography, which has been introduced, by order of the German Government, into all schools and public offices, and is being generally adopted by German authors.

P. BUCHHEIM.

LONDON, *October*, 1885.

TABLE OF CONTENTS.

INTRODUCTION.—Schiller and his Correspondents.

Schillers Briefe:

I. An Körner 1
II. An Goethe 48
III. An Charlotte von Lengefeld 131
IV. An Wilhelm von Humboldt 141
V. Vermischte Briefe.
    An Dalberg 152
    An Frau Henriette von Wolzogen 155
    An seine Schwester Christophine Reinwald ... 159
    An seinen Vater 162
    An Baggesen 164
NOTES. 171

INTRODUCTION.

SCHILLER AND HIS CORRESPONDENTS.

THE friends of a distinguished writer must always possess great interest for the student of literature, not only because much of the character of the man is revealed in his relations towards them, but also because of the influence which they exercised on his development in proportion to their own ability. A special value is also attached to the author's correspondence, for here we may expect him to reveal many sides of his character, of which we should otherwise remain ignorant. Schiller is no exception to this rule; it is his friendships and his letters that give us the most vivid impression of what he really was.

It is self-evident that a man like Schiller should number among his friends the chief of his contemporaries; but among the many who had a claim on his affections, two stand out so prominently that all others are thrown into the shade, and these two would never be mentioned in the same breath, so great is the difference between them in genius and power, were it not for the strong bond that attached them to Schiller, for the one was Goethe, and the other was Carl Gottfried Körner.

Körner was born at Leipsic in 1756. He lived at Dresden and was a member of the Consistory (*Con-*

sistorialrath). All who are acquainted with Schiller's life will remember how their friendship commenced. Körner, his betrothed Minna Stock, her sister Dora, and Huber, to whom the latter was engaged, impressed by the reading of Schiller's *Räuber*, felt desirous of communicating to the poet the delight they had experienced in their perusal of the work. Dora drew the portraits of herself and her companions, Minna embroidered a pocket-book, Körner composed some of Amalia's songs in the *Räuber*, and these presents accompanied by a letter were sent to Schiller. The following extracts show that the writers were still under the influence of those emotions which characterise Schiller's first productions; had it been otherwise indeed the letter would probably never have been written:

"Zu einer Zeit, da die Kunst sich immer mehr zur feilen Sklavin reicher und mächtiger Wollüstlinge herabwürdigt, thut es wohl, wenn ein grosser Mann auftritt und zeigt, was der Mensch auch jetzt noch vermag. Der bessere Teil der Menschheit, den seines Zeitalters ekelte, der im Gewühl ausgearteter Geschöpfe nach Grösse schmachtete, löscht seinen Durst, fühlt in sich einen Schwung, der ihn über seine Zeitgenossen erhebt, und Stärkung auf der mühevollsten Laufbahn nach einem würdigen Ziele. Dann möchte er gern seinem Wohlthäter die Hand drücken, ihn in seinen Augen die Thränen der Freude und der Begeisterung sehen lassen —dass er auch ihn stärkte, wenn ihn etwa der Zweifel müde machte: ob seine Zeitgenossen wert wären, dass er für sie arbeitete. Dies ist die Veranlassung, dass ich mich mit drei Personen, die insgesamt wert sind, Ihre Werke zu lesen, vereinigte, Ihnen zu danken und zu huldigen."

Schiller's answer sent seven months later is written in the same sentimental and exaggerated style.* We can easily understand what comfort the letter brought to the poet. Writing to Dalberg, he says: " Der lauteste Zusammenruf der Welt hätte mir kaum so angenehm geschmeichelt." It reached him at a time when everything seemed against him. He was ill, he was in debt, his prospects seemed hopeless, and he had lost faith in himself. The discovery that others believed in him and felt his influence roused him from his lethargy and restored his confidence in himself. The correspondence continued, but a change took place in the style of the letters which cannot be passed over, because it is characteristic of the change which was taking place in Schiller's mind. He was in fact entering on the transition between the days of "Sturm und Drang," and his classical period. In his letters to Körner the various stages through which he passed before he attained to his full powers are depicted in a way that gives us the clearest insight into his inner life. It may be that his friendship with Körner hastened that development, for the latter was able to exert an influence on him which was all the greater because his character was already formed, his aims were clear to him, and his position was secure. This cannot be said of Schiller or Huber. Were it not that his name is

---

* Cf. Schiller's Letter No. I, p. 1.

associated with those of Körner and the sisters in the writing of the letter to Schiller, there would be no need to refer to Huber. Though not deficient in talent, his career was a failure, partly due to the obstacles he had to contend with, such as his family's opposition to his wishes and his religion, (he was a Roman Catholic in a Protestant country), but mainly to his own weak and vacillating character. He finally became estranged from his friends, whose esteem he forfeited by his conduct to Dora, whom he deserted after an engagement of many years. Dora and Minna Stock were worthy of being the poet's friends. Their father was a well-known engraver, and Dora had inherited much of his talent. Both sisters were talented, well educated and full of interest for the movements of their time.

Schiller went to Leipsic in April 1785, and when Körner married, he followed him to Dresden. He could not long conceal from his friend the hopeless state of his finances, and Körner wrote to him as follows:—

"Wenn ich noch so reich wäre und du ganz davon überzeugt sein könntest, welch ein geringes Objekt es für mich wäre, dich aller Nahrungssorgen auf dein ganzes Leben zu überheben, so würde ich es doch nicht wagen, dir eine solche Anerbietung zu machen. Ich weiss, dass du im Stande bist, sobald du nach Brod arbeiten willst, dir alle deine Bedürfnisse zu verschaffen. Aber ein Jahr wenigstens lass mir die Freude, dich aus der Notwendigkeit des Brodverdienens zu setzen — —."

Schiller fully appreciated the spirit which prompted this generous offer; he let no false pride stand in his way, but frankly accepted the help that was tendered him.* But it was only at a much later period, when he was in a position to pay his various debts, that he discovered the full extent of what Körner had done for him. In answer to an enquiry of his, respecting one of his creditors, Körner wrote that as the man had been somewhat importunate at the time, he had settled the matter long ago. He recognised Schiller's genius, and he felt that such a man had no right to waste his powers in a struggle with pecuniary embarrassment. It says much for the two friends that these matters never in the least affected their relations towards each other.

Körner possessed both literary and musical talents. He composed many of Schiller's poems, and he was a diligent contributor to the *Thalia* and the *Horen*. Philosophical studies possessed great attraction for him, but he never attained much distinction in literature; though his conceptions were good and showed signs of earnest thought, he failed in carrying them out, for he allowed himself to be overpowered by details. His criticism of Schiller's works, contained in his correspondence with the poet, which he himself arranged and which was published after his death in 1831, were calculated to exert a beneficial influence on the author. Körner's anxiety that his friend should always appear at his best made him an impartial judge. He attached the greatest value to Schiller's poetical works, and urged him to employ his talent solely as a poet.

---

* Cf. Letter 2, p. 4.

There are no important events to chronicle in Körner's life, which might have been called a happy one, had its last years not been overshadowed by such great sorrows. He outlived nearly all whom he loved, his friend died 1805, his son Theodor, the hero poet, fell in 1813, and his remaining child Emma, did not long survive her brother.

Schiller called himself fortunate, because he always found the right friends at the right moment, and so when it needed a greater power than Körner's to awaken him to the full sense of his genius, he and Goethe, whom want of sympathy had formerly kept apart, began the friendship which only death could end. After their first interview in 1789, Schiller thought they could never be anything to each other,* but when five years later they again met, both were mutually attracted, and their intimacy made rapid progress. Schiller himself says that they could not have become friends at an earlier period. Goethe was the elder by ten years, and he had outlived much that still impressed and influenced Schiller. When Schiller's genius became more mature, Goethe and he found that there was a closer bond of sympathy between them than they had thought possible; from that time they worked together for the welfare of literature and the drama, they let no petty jealousy estrange them; while others compared them, they were content to stand aloof. "Let them be glad that they have two such men," said Goethe, when Eckermann told him that people had

---

* Cf. Letter 6, p. 15.

been making comparisons. Goethe roused Schiller in his manhood, as Körner had roused him in his youth; criticising and discussing, they incited each other to renewed efforts, and Germany was astonished by the appearance of one great work after the other. There is no need to dwell upon this friendship, for the prominent place which both occupy in literature has made its details well known.

Among Schiller's remaining friends, Wilhelm von Humboldt, brother of the great explorer and scientist, claims a foremost place. He was one of the most distinguished men of his day, a diplomatist and a statesman of great merit, and he achieved much literary distinction as a philosophical and scientific writer. He was an enthusiastic admirer of Schiller; and though his youth (he was seven years younger than Schiller) and consequent immaturity of thought, at first prevented a closer intimacy, the poet was not long in discovering his value. Humboldt was able to enter warmly into a subject which was of the greatest interest to Schiller, and which Körner, who was constantly appealing to him as a poet, did not fully appreciate, namely the studies on æstheticism. Humboldt not only gave him his entire sympathy, but by the discussions to which he gave rise, he helped Schiller to develope his ideas, and stirred him to new reflections. Their correspondence was edited by Humboldt, who prefaced it by a critical account of Schiller and his works.

This brief account of Schiller's chief correspondents would not be complete without a short reference to some of those women who played so important a part in his life and did so much for him—his sister Christophine, Henriette von Wolzogen, and his wife. Christophine Schiller was two years older than her brother, and lived to the age of ninety. She seems to have been a devoted sister, and constantly acted as mediator between Schiller and his father, when the latter was incensed at his son's flight from Stuttgart. She persuaded her father to send Schiller money for his most pressing needs, and cheered the fugitive by her letters. She married Reinwald, the librarian at Meiningen, whose acquaintance Schiller made when in hiding at Bauerbach He was unfortunately of a hypochondriacal nature, and his gloomy fancies did much to embitter Christophine's life.

While Christophine was trying to reconcile her father to the momentous step which his son had taken, that son had sought refuge in the house of a generous friend. Henriette von Wolzogen had been introduced to Schiller by her son Wilhelm, his fellow-student at the military academy. Although the loss of the Duke of Würtemberg's favour would have been a serious obstacle to her son's advancement, she cheerfully ran the risk in order to offer the shelter of her house at Bauerbach to the young poet whose genius she fully appreciated. It was only when she found that he was in danger of losing himself in dreams that she urged him to return to Mannheim. Schiller's own words, in his letter to her,* show

---

* Cf. p. 158.

most clearly how much she did to encourage his mental growth. Her son Wilhelm von Wolzogen married Schiller's sister-in-law, Caroline von Beulwitz, after her separation from her first husband. She was a relation of the Wolzogen's, through whom Schiller made her acquaintance and that of her sister Charlotte von Lengefeld, his future wife. Both sisters had received an excellent education, and were deeply interested in the literature and the literary men of their time. Charlotte was less brilliant than her sister, whose novel *Agnes von Lilien* was ascribed to Goethe, but she was perfectly capable of entering into Schiller's aims. Her amiable nature and the care with which she tended her husband, won for her the love and admiration of all who came to Schiller's house.

There seems to have been some charm in Schiller's nature, that drew forth all that was best in those with whom he came in contact. Certainly no man has had more devoted and more loving friends, or a better, truer wife, than Friedrich Schiller.

Aus Schillers Briefen.

I.

Schiller an Körner.

1.

Mannheim, 7. Dec. 1784.

Nimmermehr können Sie mir's verzeihen, meine Wertesten, daß ich auf Ihre freundschaftsvollen Briefe, die so viel Enthusiasmus und Wohlwollen gegen mich atmeten, und von den schätzbarsten Zeichen Ihrer Güte begleitet waren, sieben Monate schweigen konnte. Ich gestehe es Ihnen, daß ich den jetzigen Brief mit einer Schamröte niederschreibe, welche mich vor mir selbst bemütigt, und daß ich meine Augen in diesem Moment wie ein Feiger vor Ihren Zeichnungen niederschlage, die über meinem Schreibtisch hangen, und in dem Augenblick zu leben und mich anzuklagen scheinen. Gewiß, meine vortrefflichen Freunde und Freundinnen, die Beschämung und die Verlegenheit, welche ich gegenwärtig leide, ist Rache genug. Nehmen Sie keine andere mehr. Aber erlauben Sie mir nur einige Worte—nicht um diese unerhörte Nachlässigkeit zu entschuldigen, nur sie Ihnen einigermaßen begreiflich zu machen.

Ihre Briefe, die mich unbeschreiblich erfreuten und eine Stunde in meinem Leben auf das Angenehmste aufgehellt haben, trafen mich in einer der traurigsten Stimmungen meines Herzens, worüber ich Ihnen in Briefen kein Licht geben kann. Meine damalige Gemütsfassung war die=

jenige nicht, worin man sich solchen Menschen wie ich Sie
mir denke, gern zum erstenmal vors Auge bringt. Ihre
schmeichelhafte Meinung von mir war freilich nur eine an=
genehme Illusion—aber dennoch war ich schwach genug zu
wünschen, daß sie nicht allzu schnell aufhören möchte. Darum,
meine Teuersten, behielt ich mir die Antwort auf eine bessere
Stunde vor—auf einen Besuch meines Genius, wenn ich ein=
mal, in einer schöneren Laune meines Schicksals, schöneren
Gefühlen würde geöffnet sein.

Diese Schäferstunden blieben aus, und in einer traurigen
Stufenreihe von Gram und Widerwärtigkeiten vertrocknete
mein Herz für Freundschaft und Freude. Unglückselige Zer=
streuungen, deren Andenken mir in diesem Augenblick noch
Wunden schlägt, löschten diesen Vorsatz nach und nach in
meinem harmvollen Herzen aus. Ein Zufall, ein wehmütiger
Abend erinnert mich plötzlich wieder an Sie und mein Ver=
gehen; ich eile an den Schreibtisch, Ihnen, meine Lieben,
diese schändliche Vergessenheit abzubitten, die ich auf keine
Weise aus meinem Herzen mir erklären kann. Wie empfind=
lich mußte Ihnen der Gedanke sein, einen Menschen geliebt
zu haben, der fähig war Ihre zuvorkommende Güte so, wie
ich, zu beantworten! Wie mußten Sie sich eine That reuen
lassen, die Sie an dem Undankbarsten auf dem Erdboden ver=
schwendeten! Aber nein. Das letztere bin ich niemals ge=
wesen, und habe schlechterdings keine Anlage es zu sein.
Wenn Sie nur wenige Funken von der Wärme übrig be=
hielten, die Sie damals für mich hegten, so fordere ich Sie
auf, mein Herz auf die strengsten Proben zu setzen, und mich
diese bisherige Nachlässigkeit auf alle Arten wiederersetzen zu
lassen.

Und nun genug von einer Materie, wobei ich eine so nachteilige Rolle spiele. Wenn ich Ihnen bekenne, daß Ihre Briefe und Geschenke das Angenehmste waren was mir—vor und nach—in der ganzen Zeit meiner Schriftstellerei widerfahren ist, daß diese fröhliche Erscheinung mich für die mancherlei verdrießlichen Schicksale schadlos hielt, welche in der Jünglingsepoche meines Lebens mich verfolgten—daß, ich sage nicht zu viel, daß Sie, meine Teuersten, es sich zuzuschreiben haben, wenn ich die Verwünschung meines Dichterberufes, die mein widriges Verhängniß mir schon aus der Seele preßte, zurücknahm, und mich endlich wieder glücklich fühlte;—wenn ich Ihnen dieses sage, so weiß ich, daß Ihre gütigen Geständnisse gegen mich Sie nicht gereuen werden. Wenn solche Menschen, solche schöne Seelen den Dichter nicht belohnen, wer thut es denn?

Ich habe nicht ohne Grund gehofft, Sie dieses Jahr noch von Angesicht zu Angesicht zu sehen, weil es im Werke war, daß ich nach Berlin gehen wollte. Die Dazwischenkunft einiger Umstände machte diesen Vorsatz wenigstens für ein Jahr rückgängig; doch könnte es kommen, daß ich auf der Jubilateimesse Leipzig besuchte. Welche süße Momente, wenn ich Sie da treffe, und Ihre wirkliche Gegenwart auch sogar die geringste Freudenerinnerung an Ihre Bilder verdunkelt Minna und Dora werden es wohl geschehen lassen müssen wenn sie mich bei meinen neueren poetischen Idealen über einem kleinen Diebstahl an ihren Umrissen ertappen.

Ich weiß nicht ob Sie, meine Wertesten, nach meinem vergangenen Betragen mich noch der Fortsetzung Ihres Wohlwollens und eines fernern Briefwechsels würdig halten können, doch bitte ich Sie mit aller Wärme es zu thun. Nur eine engere Bekanntschaft mit mir und meinem Wesen kann Ihnen vielleicht einige Schatten derjenigen Idee zurückgeben, die Sie einst von mir hegten und nunmehr unterdrückt haben werden. Ich habe wenig Freuden des Lebens genossen, aber (das ist das Stolzeste, was ich über mich aussprechen kann) diese wenigen habe ich meinem Herzen zu danken.

Hier erhalten Sie auch etwas Neues von meiner Feder, die Ankündigung eines Journals. Auffallen mag es Ihnen immer, daß ich diese Rolle in der Welt spielen will, aber vielleicht söhnt die Sache selbst Sie wieder mit Ihrer Vorstellung aus. Überdem zwingt ja das deutsche Publikum seine Schriftsteller, nicht nach dem Zuge des Genius, sondern nach Speculationen des Handels zu wählen. Ich werde dieser Thalia alle meine Kräfte hingeben, aber das leugne ich nicht, daß ich sie (wenn meine Verfassung mich über Kaufmannsrücksichten hinwegsetzte) in einer andern Sphäre würde beschäftigt haben.

Wenn ich nur in einigen Zeilen Ihrer Verzeihung gewiß geworden bin, so soll diesem Brief auf das schleunigste ein zweiter folgen. Frauenzimmer sind sonst unversöhnlicher als wir, also muß ich den Pardon von solchen Händen unterschrieben lesen.

Mit unauslöschlicher Achtung der

Ihrige

S.

2.

Am 11. Juli 1785.

Du hast Recht, lieber Körner, wenn Du mich wegen der Bedenklichkeit tadelst, die ich hatte, Dir meine Verlegenheit zu gestehen. Ich fühle es mit Beschämung, daß ich unsere Freundschaft herabsetze, wenn ich neben ihr Deine Gefälligkeit

Schiller an Körner.

noch in Anschlag bringen kann. Mir hat das Schicksal nur die Anlage und den Willen gegeben, edel zu handeln, Dir gab es auch noch die Macht es zu können. Du bist also ja nur glücklicher gefahren als ich, und doch war ich Alltagsmensch genug, durch meine Zurückhaltung stillschweigend einzuräumen, daß Deine Überlegenheit im Glücke meinen Stolz empfindlicher schmerzt, als die Harmonie unserer Herzen ihm wohlthut. Ich hätte ja zu mir selbst sagen können: Dein Freund kann unmöglich einen größeren Wert in seine Glücksgüter setzen, als in sein Herz, und sein Herz gab er Dir ja schon. Ich hätte mir selbst sagen sollen: derjenige Mensch, der gegen Deine Fehler und Schwächen so duldend war, wird es noch mehr gegen Dein Schicksal sein. Warum sollte er Dir Blößen von dieser Art zum Verbrechen machen, da er Dir jene vergab?

Verzeih' mir's, bester Freund. Frühe Vorurteile der Erziehung, und die immer und ewig zurückkehrende Erfahrung haben mein besseres Wissen überstimmt. Meine Philosophie kann für die Schamröte nicht, die mein Gesicht unwillkürlich färbte.

Über Glücksgüter werden wir beide wohl von einerlei Meinung sein. Süße Empfindung ist es dem edlen Manne, sie zum Wohl eines Freundes anzuwenden. Ihre Aufopferung ist das Werk einer schönen Seele, aber ich hoffe, daß es noch eine größere Tugend und eine süßere Wollust als diese giebt. Siehst Du, mein Teuerster, ich, dem diese Quelle schöner Thaten verstopft ist, ich muß so denken; zu meiner Beruhigung muß ich den Wert Deiner Großmut heruntersetzen, muß ich Vorzüge und Genüsse des Geistes und des Herzens, auf Unkosten jener erheben, ich muß das thun, weil diese, aber nicht jene, in meiner Gewalt sind. Je höher meine Verbindlichkeit gegen Dich steigt, desto höher muß ich Dir meine Freundschaft anrechnen; und ich kenne Dich zu gut, als daß ich nicht voraus überzeugt sein sollte, Du würdest viel lieber den Wert dieser letzteren übertreiben, als mir die erstere schwer machen.

Für Dein schönes und edles Anerbieten habe ich nur einen einzigen Dank, dieser ist die Freimütigkeit und Freude, womit ich es annehme. Niemals habe ich die Antwort gebilligt, womit der große Rousseau den Brief des Grafen Orlof abfertigte, der aus freiwilligem Enthusiasmus dem flüchtigen Dichter eine Freistätte anbot. In eben dem Maße, als ich mich gegen Rousseau kleiner fühle, will ich hier größer handeln, wie er. Deine Freundschaft und Güte bereitet mir ein Elysium. Durch Dich, teurer Körner, kann ich vielleicht noch werden, was ich je zu werden verzagte. Meine Glückseligkeit wird steigen mit der Vollkommenheit meiner Kräfte, und bei Dir, und durch Dich getraue ich mir diese zu bilden. Die Thränen, die ich hier an der Schwelle meiner neuen Laufbahn, Dir zum Danke, zur Verherrlichung vergieße, diese Thränen werden wiederkommen, wenn diese Laufbahn vollendet ist. Werde ich **das** was ich jetzt t r ä u m e — wer ist glücklicher als Du?

Eine Freundschaft, die so ein Ziel hat, kann niemals aufhören.

Zerreiße diesen Brief nicht. Du wirst ihn vielleicht in zehn Jahren mit einer seltenen Empfindung lesen, und auch im Grabe wirst Du sanft darauf schlafen.

Leb' tausendmal wohl. Mein Herz ist zu weich. In einigen Tagen schreib ich Dir wieder. Lebe wohl. S.

Schiller an Körner.

3.

Weimar, 23. Juli 1787.

Der Brief wäre hier auf der Post unnütz liegen geblieben, weil ich zu spät gekommen bin, und erst Donnerstags eine Post abgeht. Ich erbreche ihn und erzähle Euch, wie es mir gestern gegangen ist.

Ich besuchte also Wieland, zu dem ich durch ein Gedränge kleiner und immer kleinerer Creaturen von lieben Kinderchen gelangte. Unser erstes Zusammentreffen war wie eine vorausgesetzte Bekanntschaft. Ein Augenblick machte alles. Wir wollen langsam anfangen, sagte Wieland, wir wollen uns Zeit nehmen, einander etwas zu werden. Er zeichnete mir gleich bei dieser ersten Zusammenkunft den Gang unseres künftigen Verhältnisses vor, und was mich freute, war, daß er es als keine vorübergehende Bekanntschaft behandelte, sondern als ein Verhältniß, das für die Zukunft fortdauern und reifen sollte. Er fand es glücklich, daß wir uns jetzt erst gefunden hätten. Wir wollen dahin kommen, sagte er mir, daß einer zu dem anderen wahr und vertraulich rede, wie man mit seinem Genius redet.

Unsere Unterhaltung verbreitete sich über sehr mancherlei Dinge, wobei er viel Geist zeigte und auch mir dazu Gelegenheit gab. Einige Materien, Religionsgespräche zum Beispiel, legte er besonders auf künftige Tage zurück; hierbei schien er sich sehr wohl zu haben, und über diesen Stoff, ahne ich, werden wir warm werden. Auch über politische Philosophie wurde viel gesprochen, etwas über Literatur, Goethe, die Berliner und Wien. Von Klinger sprach er sehr witzig. Stolberg ist seine Renonce, wie die unsrige; er ist jetzt ganz in den Lucian versunken, den er wie den Horaz übersetzen und commentieren wird.

Sein Äußeres hat mich überrascht. Was er ist, hätte ich nicht in diesem Gesichte gesucht—doch gewinnt es sehr durch den augenblicklichen Ausdruck seiner Seele, wenn er mit Wärme spricht. Er war sehr bald aufgeweckt, lebhaft, warm. Ich fühlte, daß er sich bei mir gefiel und wußte, daß ich ihm nicht mißfallen hatte, ehe ich's nachher erfuhr. Sehr gerne hört er sich sprechen, seine Unterhaltung ist weitläufig und manchmal bis zur Pedanterie vollständig, wie seine Schriften, sein Vortrag nicht fließend, aber seine Ausdrücke bestimmt. Er sagte übrigens viel Alltägliches; hätte mir nicht seine Person, die ich beobachtete, zu thun gegeben, ich hätte oft Langeweile fühlen können. Im Ganzen bin ich sehr angenehm bei ihm beschäftigt worden, und was unser Verhältniß betrifft, kann ich sehr mit ihm zufrieden sein.

Ich weiß nicht, was ich Euch über ihn gesagt und was ich vergessen habe. Ist es etwas Wichtiges, so wird es mir ein andermal einfallen. Morgen besuche ich Herder. Was ich dort sehe und höre, sollt Ihr noch in diesem Briefe erfahren.

— — Ich komme von Herder, wenn Ihr sein Bild bei Graff gesehen habt, so könnt Ihr ihn Euch recht gut vorstellen, nur daß in dem Gemälde zu viel leichte Freundlichkeit, in seinem Gesicht mehr Ernst ist. Er hat mir sehr behagt. Seine Unterhaltung ist voll Geist, voll Stärke und Feuer, aber seine Empfindungen bestehen in Haß oder Liebe. Goethe liebt er mit Leidenschaft, mit einer Art Vergötterung.

Wir haben erstaunlich viel über diesen gesprochen, was ich Euch ein andermal erzählen will. Auch über politische und philosophische Materien einiges, über Weimar und seine

Schiller an Körner.

Menschen, über Schubart und den Herzog von Würtemberg, über meine Geschichte mit diesem. Er haßt ihn mit Tyrannenhaß. Ich muß ihm erstaunlich fremd sein, denn er fragte mich, ob ich verheirathet wäre. Ueberhaupt ging er mit mir um, wie mit einem Menschen, von dem er nichts weiter weiß, als daß er für etwas gehalten wird. Ich glaube, er hat selbst nichts von mir gelesen.

Herder ist erstaunlich höflich, man hat sich wohl in seiner Gegenwart. Ich glaube, ich habe ihm gefallen, denn er äußerte mehrmals, daß ich ihn öfter wiedersehen möchte. Goethe, gesteht er, habe viel auf seine Bildung gewirkt.

Lebt tausendmal wohl und behaltet mich lieb.

Ewig der Eurige

S.

4.

Weimar, 29. August 1787.

Ich habe dir also von Jena zu erzählen. * * * Ich blieb sechs Tage in Jena. Diese sechs Tage brachte ich im Reinholdschen Hause sehr angenehm zu, und ich muß hinzusetzen: noch nie ist mir's in einem fremden Orte so behaglich gewesen. Ganz glücklich kann ich nirgends und nie sein, das weißt Du, weil ich nirgends die Zukunft über der Gegenwart vergessen kann. Ich war sechs Tage müßig in Jena. Schon allein das mußte mir die reine Freude vergiften.

Reinhold hat mir über Wieland die Augen geöffnet. So wenig ich mich zwar auf seine Urteile von Menschen verlassen kann (denn seine Menschenkenntniß ist womöglich noch schlechter bestellt als die meinige), so hab' ich mir doch aus den Factis, die er mir nach und nach vorlegte, einige Beleuch-

tungen über jenen verschafft. So ein unmäßiger Vergötterer
er auch von ihm ist, so gestand er mir doch, daß ihn Wielands
ungleicher Charakter auf das Schrecklichste schon mißhandelt
habe. Wieland, ob ihm gleich Reinhold unter allen Menschen
der liebste ist, habe diesen durch üble Launen und abwechselndes
Anziehen und Zurückstoßen eigentlich aus Weimar getrieben.
Heute hab' er ihn für einen großen Geist, und morgen für einen
Esel erklärt. Niemand als Wielands Frau, die alle Un=
gewitter abwartet, kann in seiner Atmosphäre dauern. Wie=
land hat eine gar sonderbare Neigung um Fürsten zu wohnen.
Seine Tochter und Reinhold versichern mir, daß sie vorzüglich
der Pracht der Meublirung zuzuschreiben sei, die er in ihren
Zimmern finde. Für dieses hat er eine ganz besondere
Schwäche. Etwas natürlich thut doch die Eigenliebe. Was
ihn z. B. an die alte Herzogin attachirt, ist die Freiheit die er
sich bei ihr erlauben darf. — Man sagt er soll ihr schon
auf das Heftigste widersprochen und einmal das Buch an
den Kopf geworfen haben. Ich kann nicht bezeugen, ob
das letzte wahr ist; wenigstens sieht man die Beule nicht
mehr.

Von den hiesigen großen Geistern überhaupt kommen einem
immer närrische Dinge zu Ohren. Herder und seine Frau
leben in einer egoistischen Einsamkeit und bilden zusammen
eine Art von heiliger Zweieinigkeit, von der sie jeden Erben=
sohn ausschließen. Aber weil beide stolz, beide heftig sind, so
stößt diese Gottheit zuweilen unter sich selbst aneinander.
Wenn sie also in Unfrieden geraten sind, so wohnen beide
abgesondert in ihren Etagen, und Briefe laufen Treppe auf,
Treppe nieder, bis sich endlich die Frau entschließt, in eigener
Person in ihres Ehegemahls Zimmer zu treten, wo sie eine

Schiller an Körner.

Stelle aus seinen Schriften recitiert mit den Worten: „Wer das gemacht hat muß ein Gott sein, und auf den kann niemand zürnen"—dann fällt ihr der besiegte Herder um den Hals, und die Fehde hat ein Ende.—Preiset Gott, daß ihr unsterblich seid!

Ich verließ Jena sehr vergnügt, und that ein Gelübde, es nicht zum letztenmal gesehen zu haben. Hätte ich einen Plan nach Jena, so versichert mich Reinhold, daß ich keine Schwierigkeit finden würde. Ich soll, sagte er, ohne ein Wort darüber zu verlieren, noch vor Frühjahr einen Ruf dahin bekommen. Lebt wohl, alle miteinander, und bleibt mein, wie ich Euer, auf immerdar.   S.

5.

Weimar, 18. Januar 1788.

Antworten kann ich Dir auf Deinen Brief zwar nicht, denn eben erhalte ich ihn, und in einer halben Stunde muß dieser fort sein, aber ich schreibe Dir meine ersten Empfindungen, nachdem ich ihn durchlesen.

Etwas Wahres mag daran sein, wenn Du mir vorwirfst, daß ich prosaischer worden bin—aber vielleicht doch nicht in dem Verstande, wie Du glaubst. Ich habe Dir neulich meine Ideen vielleicht durch Umständlichkeit verwirrt—hier sind sie kürzer und vielleicht einleuchtender.

Erstens. Ich muß von Schriftstellerei leben, also auf das sehen, was einträgt.

Zweitens. Poetische Arbeiten sind nur meiner Laune möglich, forciere ich diese, so mißraten sie. Beides weißt Du. Laune aber geht nicht gleichmäßig mit der Zeit— aber meine Bedürfnisse. Also darf ich, um sicher zu sein, meine Laune nicht zur Entscheiderin meiner Bedürfnisse machen.

Drittens. Du wirst es für keine stolze Demut halten, wenn ich Dir sage, daß ich zu erschöpfen bin. Meiner Kentnisse sind wenig. Was ich bin, bin ich durch eine oft unnatürliche Spannung meiner Kraft. Täglich arbeite ich schwerer — weil ich viel schreibe. Was ich von mir gebe, steht nicht in Proportion mit dem, was ich empfange. Ich bin in Gefahr mich auf diesem Wege auszuschreiben.

Viertens. Es fehlt mir an Zeit, Lernen und Schreiben gehörig zu verbinden. Ich muß also darauf sehen, daß auch das Lernen als Lernen mir rentiere!

Fünftens. Es giebt Arbeiten, bei denen das Lernen die Hälfte, das Denken die andere Hälfte thut. Zu einem Schauspiel brauche ich kein Buch, aber meine ganze Seele und alle meine Zeit. Zu einer historischen Arbeit tragen mir Bücher die Hälfte bei. Die Zeit welche ich für beide verwende, ist ungefähr gleich groß. Aber am Ende eines historischen Buches habe ich Ideen erweitert, neue empfangen; am Ende eines verfertigten Schauspiels vielmehr verloren.

Sechstens. Bei einem großen Kopf ist jeder Gegenstand der Größe fähig. Bin ich einer, so werde ich Größe in mein historisches Fach legen.

Siebentens. Weil aber die Welt das Nützliche zur höchsten Instanz macht, so wähle ich einen Gegenstand, den die Welt auch für nützlich hält. Meiner Kraft ist es eins, oder soll es eins sein—also entscheidet der Gewinn.

Achtens. Ist es wahr oder falsch, daß ich darauf denken muß, wovon ich leben soll, wenn mein dichterischer Frühling verblüht? Hältst Du es nicht für besser, wenn ich mich

entfernt auf eine Zuflucht für spätere Jahre bereite? Und
wodurch kann ich das, als durch diesen Weg? Und ist nicht
die Historie das Fruchtbarste und Dankbarste für mich?

Neuntens. Ueber den zweiten Artikel meines vorigen
Briefes und Deiner Antwort über das Heiraten habe ich
nur Eine, aber eine sehr wichtige Antwort; wichtig für Dich,
weil Du mich liebst. Ich bin in meiner jetzigen Lage nicht
glücklich; ich habe seit vielen Jahren kein ganzes Glück gefühlt
und nicht sowohl, weil mir die Gegenstände dazu fehlten,
sondern darum, weil ich die Freuden mehr naschte als genoß,
weil es mir an innerer, gleicher und sanfter Empfänglichkeit
mangelte, die nur die Ruhe des Familienlebens, die Übung
des Gefühls in vielen und ununterbrochenen, wenn auch nur
kleinen und schwachen geselligen Empfindungen giebt. Doch
ich kann Dir wirklich keinen Schatten von dem beschreiben was
ich empfinde. Ich bin nicht so sonderbar, als Du vielleicht
aus diesen Äußerungen für mich schließest: just dieses würdest
Du aus allgemeinen Menschengefühlen am leichtesten erklären.
Hier bin ich beinahe, was man sagen kann, glücklich von
Außen. Ich bin von vielen Menschen geliebt, recht teil=
nehmend wird mir von ihnen begegnet. Ich habe eine sehr
sanfte und genußvolle Existenz. Aber um so mehr sehe ich,
daß die Quelle meines Unmuts in diesem Wesen liegt, das
ich ewig mit mir herumtrage.

Adieu, ich will sehen, ob ich diesen Brief noch fortbringe.
Nächstens mehr. Tausend Grüße Huber und den Weibern.
Laß diese meine Briefe nicht ganz lesen. Schreibe mir bald
wieder.

Dein

S.

6.

Rudolstadt, 12. September 1788.

Endlich kann ich Dir von Goethe erzählen, worauf Du, wie ich weiß, sehr begierig wartest. Ich habe vergangenen Sonntag beinahe ganz in seiner Gesellschaft zugebracht, wo er uns mit der Herder, Frau von Stein und der Frau von S., der, die Du im Bade gesehen hast, besuchte. Sein erster Anblick stimmte die hohe Meinung ziemlich tief herunter, die man mir von dieser anziehenden und schönen Figur beigebracht hatte.

Er ist von mittlerer Größe, trägt sich steif und geht auch so; sein Gesicht ist verschlossen, aber sein Auge sehr ausdrucksvoll, lebhaft, und man hängt mit Vergnügen an seinem Blicke. Bei vielem Ernste hat seine Miene doch viel Wohlwollendes und Gutes. Er ist brünett und schien mir älter auszusehen als er meiner Berechnung nach wirklich sein kann. Seine Stimme ist überaus angenehm, seine Erzählung fließend, geistvoll und belebt; man hört ihn mit überaus vielem Vergnügen; und wenn er bei gutem Humor ist, welches diesmal so ziemlich der Fall war, spricht er gern und mit Interesse. Unsere Bekanntschaft war bald gemacht und ohne den mindesten Zwang; freilich war die Gesellschaft zu groß, und Alles auf seinen Umgang zu eifersüchtig, als daß ich viel allein mit ihm hätte sein, oder etwas anderes als allgemeine Dinge mit ihm sprechen können. Er spricht gern und mit leidenschaftlichen Erinnerungen von Italien; aber was er mir davon erzählt hat, gab mir die treffendste und gegenwärtigste Vorstellung von diesem Lande und diesen Menschen. Vorzüglich weiß er einem anschaulich zu machen, daß diese Nation mehr als jede andere europäische in gegenwärtigen Genüssen lebt, weil die Milde und Fruchtbarkeit des Him=

melsstrichs die Bedürfnisse einfacher macht und ihre Entbehrung erleichtert. Er eifert sehr gegen die Behauptung, daß in Neapel so viele müßige Menschen seien. Das Kind von fünf Jahren soll dort schon anfangen zu erwerben; aber freilich ist es ihnen weder nötig noch möglich, ganze Tage, wie wir thun, der Arbeit zu widmen. Rom, meint er, müsse sich erst durch einen längeren Aufenthalt den Ausländern empfehlen. In Italien soll sich's nicht teurer und kaum so teuer leben als in der Schweiz. Die Unsauberkeit sei einem Fremden ganz unausstehlich.

Angelica Kaufmann rühmt er sehr, sowohl von Seiten ihrer Kunst als ihres Herzens. Ihre Umstände sollen äußerst glücklich sein; aber er spricht mit Entzücken von dem edlen Gebrauch, den sie von ihrem Vermögen macht. Bei all ihrem Wohlstande hat weder ihre Liebe zur Kunst, noch ihr Fleiß nachgelassen. Er scheint sehr in diesem Hause gelebt zu haben, und die Trennung davon mit Wehmut zu fühlen.

Ich wollte Dir noch mehreres aus seiner Erzählung mitteilen, aber es wird mir erst gelegentlich einfallen. Im Ganzen ist meine, in der That große Idee von ihm, nach dieser persönlichen Bekanntschaft nicht vermindert worden; aber ich zweifle, ob wir einander je sehr nah rücken werden. Vieles, was mir jetzt noch interessant ist, was ich noch zu wünschen und zu hoffen habe, hat seine Epoche bei ihm durchlebt; er ist mir (an Jahren weniger, als an Lebenserfahrungen und Selbstentwickelung) so weit voraus, daß wir unterweges nie mehr zusammenkommen werden; und sein ganzes Wesen ist schon von Anfang her anders angelegt, als das meinige, unsere Vorstellungsarten scheinen wesentlich verschieden. Indessen schließt sich's aus einer solchen Zusammenkunft nicht sicher und gründlich. Die Zeit wird das Weitere lehren. S.

7.

Weimar, 2. Februar 1789.

Ich war gestern nach dreiviertel Jahren zum erstenmal wieder in der Komödie. Es war eine Oper. Bei dieser Gelegenheit war es interessant zu bemerken, daß die Unnatur ganz besonders auf mich wirkte, ungefähr wie auf einen der zum erstenmale in die Stadt kommt. Durch die Gewohnheit verliert man diesen Sinn; die Bemerkung, die ich gestern anstellte, erinnere ich mich nie gemacht zu haben. Jetzt quält es mich schon fast den ganzen Winter, daß ich mich nicht an das Schauspiel machen kann, das ich in Rudolstadt aushecke. Es würde mich glücklich machen—und das, was mich jetzt beschäftigen soll, vielleicht Jahre lang beschäftigen muß, ist von dem Lichtpunkte meiner Fähigkeiten und Neigungen so himmelweit entlegen. Daß ich über dieses Hinderniß siegen werde, glaube ich wohl, aber ob mir auch wohl babei sein wird, ist eine andere Frage. Das ist indessen richtig, daß diese Diversion, besonders wenn sie einige Jahre dauert, einen sehr merklichen Einfluß auf meine erste dramatische Arbeit haben wird, und wie ich doch immer hoffe, einen glücklichen. Als ich während meines akademischen Lebens plötzlich eine Pause in meiner Poeterei machte und zwei Jahre lang mich ausschließend der Medizin widmete, so war mein erstes Produkt nach diesem Intervall doch gleich die Räuber. Was ich auch auf meine einmal vorhandene Anlage und Fertigkeit Fremdes und Neues pfropfen mag, so wird sie immer ihr Recht behaupten; in anderen Sachen werde ich nur in so weit glücklich sein, als sie mit jener Anlage in Verbindung stehen; und alles wird mich am Ende wieder barauf zurückführen. In acht Jahren wollen wir einander wieder baran erinnern.

Öfters um Goethe zu sein würde mich unglücklich machen; er hat auch gegen seine nächsten Freunde kein Moment der Ergießung, er ist an nichts zu fassen, ich glaube in der That, er ist ein Egoist in ungewöhnlichem Grade. Er besitzt das Talent die Menschen zu fesseln, und durch kleine sowohl, als große Attentionen, sich verbindlich zu machen; aber sich selbst weiß er immer frei zu behalten. Er macht seine Existenz wohlthätig kund, aber nur wie ein Gott, ohne sich selbst zu geben—dies scheint mir eine consequente und planmäßige Handlungsart, die ganz auf den höchsten Genuß der Eigenliebe calculiert ist. Ein solches Wesen sollen die Menschen nicht um sich herum aufkommen lassen. Mir ist er dadurch verhaßt, ob ich gleich seinen Geist von ganzem Herzen liebe und groß von ihm denke. Eine ganz besondere Mischung von Haß und Liebe ist es, die er in mir erweckt hat, eine Empfindung, die derjenigen nicht unähnlich ist, die Brutus und Cassius gegen Cäsar gehabt haben müssen; ich könnte seinen Geist umbringen und ihn wieder von Herzen lieben. Goethe hat auch viel Einfluß darauf, daß ich mein Gedicht recht vollendet wünsche. An seinem Urteile liegt mir überhaupt viel. Die Götter Griechenlands hat er sehr günstig beurteilt; nur zu lang hat er sie gefunden, worin er nicht Unrecht haben mag. Sein Kopf ist reif, und sein Urteil über mich eher gegen als für mich parteiisch. Weil mir nun überhaupt nur daran liegt, Wahres von mir zu hören, so ist dies gerade der Mensch unter allen, die ich kenne, der mir diesen Dienst thun kann. Ich will ihn auch mit Lauschern umgeben, denn ich selbst werde ihn nie über mich befragen.

Besucht Ihr die Redouten auch fleißig? Ich war vorgestern zum erstenmal dieses Jahr darauf, um doch unter Menschen zu gehen. Hier sind die Redouten zuweilen recht brillant, und weit mehr als die Dresdner. Man lebt auch vergnügter darauf und anständiger. S.

8.

Jena, 13. Mai 1789.

Vorgestern, als den Montag, bin ich hier eingezogen, wo mir dein Brief sogleich überliefert wurde. Mein Logis habe ich über meine Erwartung gut gefunden. Der freundliche Anblick um mich herum giebt mir eine sehr angenehme Existenz. Es sind drei Piècen, die ineinanderlaufen, ziemlich hoch mit hellen Tapeten, vielen Fenstern, und alles entweder ganz neu oder gut conservirt. Meubles habe ich reichlich und schön: zwei Sofas, Spieltisch, drei Commoden, und anderthalb Dutzend Sessel mit rothem Plüsch ausgeschlagen. Eine Schreibcommode habe ich mir selbst machen lassen, die mir zwei Caroline kostet, und die gewiß auf drei zu stehen kommen würde. Dies ist, wonach ich längst getrachtet habe, weil ein Schreibtisch doch mein wichtigstes Meuble ist, und ich mich immer damit habe behelfen müssen. Ein Vorzug meines Logis ist auch die Flur, die überaus geräumig, hell und reinlich ist. Ich habe zwei alte Jungfern zu Hausmieterinnen, die sehr dienstfertig, aber auch sehr redselig sind. Die Kost habe ich auch von ihnen auf meinem Zimmer, zwei Groschen das Mittagessen, wofür ich dasselbe habe, was mich in Weimar vier Groschen kostete. Wäsche, Friseur, Bedienung u. dergl. wird alles vierteljährlich bezahlt, und kein Artikel beträgt über zwei Thaler, so daß ich nach einem gar nicht strengen Anschlag über vierhundert und funfzig Thaler schwerlich brauchen werde. Und so hoch hoffe ich meine Einnahme von Maute allein schon zu bringen. Mit jeder anderen Erwerbung kann ich Schulden abtragen und etwas für meine Einrichtung thun.

Mit eigentlichem Besuchgeben mache ich erst heute beim Prorektor den Anfang; wenn ich im Kollegium introduciert bin, thue ich alsdann die meisten übrigen Visiten mit Karten ab, und fahre herum. Ich hoffe über diese ersten Beschwerlichkeiten leicht wegzukommen. Im Reinholdschen Auditorium werde ich lesen, und träfe sich's, daß die Anzahl zu groß würde, so nehme ich Grießbachs oder Döderleins, worin über zweihundert Platz haben.

Vor zwölf bis vierzehn Tagen werde ich doch nicht damit anfangen, so lange mußt Du also Deine Neugier einstellen. Ich bin nicht ohne Verlegenheit öffentlich zu reden; aber eben weil ich sie ganz überwinden möchte, will ich mich indessen mehr an diese Gesichter gewöhnen, um nicht zum erstenmal unter ganz fremden Menschen mich zu sehen. Wenn übrigens meine erste Vorlesung zweckmäßig, gut und interessant gerät, so giebt mir dieses allein schon einen gewissen Mut, sie desto unerschrockener abzulegen. S.

9.

Jena, 28. Mai 1789.

Vorgestern, als den 26sten, habe ich endlich das Abenteuer auf dem Katheder rühmlich und tapfer bestanden, und gleich gestern wiederholt. Ich lese nur zweimal in der Woche und zwei Tage hintereinander, so daß ich fünf Tage ganz frei behalte.

Das Reinholdsche Auditorium bestimmte ich zu meinem Debüt. Es hat eine mäßige Größe, und kann ungefähr achtzig sitzende Menschen, etwas über hundert in allem fassen.

Ob es nun freilich wahrscheinlich genug war, daß meine erste Vorlesung der Neugier wegen eine größere Menge Studenten herbeilocken würde, so kennst Du ja meine Bescheidenheit. Ich wollte diese größere Menge nicht gerade voraussetzen, indem ich gleich mit dem größeren Auditorium debütierte. Diese Bescheidenheit ist auf eine für mich sehr brillante Art belohnt worden. Meine Stunden sind abends von sechs bis sieben. Halb sechs war das Auditorium voll. Ich sah aus Reinholds Fenster Trupp über Trupp die Straße heraufkommen, welches gar kein Ende nehmen wollte. Ob ich gleich nicht ganz frei von Furcht war, so hatte ich doch an der wachsenden Anzahl Vergnügen, und mein Mut nahm eher zu. Überhaupt hatte ich mich zu einer gewissen Festigkeit gestählt, wozu die Idee, daß meine Vorlesung mit keiner anderen, die auf irgend einem Katheder in Jena gehalten worden, die Vergleichung zu scheuen brauchen würde, und überhaupt die Idee, von Allen, die mich hören, als der Überlegene anerkannt zu werden, nicht wenig beitrug. Aber die Menge wuchs nach und nach so, daß Vorsaal, Flur und Treppe gedrängt voll waren und ganze Haufen wieder gingen. Jetzt fiel es einem, der bei mir war, ein, ob ich nicht noch für diese Vorlesung ein anderes Auditorium wählen sollte. Grießbachs Schwager war gerade unter den Studenten, ich ließ ihnen also den Vorschlag thun, bei Grießbach zu lesen, und mit Freuden ward er aufgenommen. Nun gab es das lustigste Schauspiel. Alles stürzte hinaus, und in einem hellen Zuge die Johannisstraße hinunter, die, eine der längsten in Jena, von Studenten ganz besät war. Weil sie liefen, was sie konnten, um im Griesbachschen Auditorium einen guten Platz zu bekommen, so kam die Straße in Alarm, und alles an den Fenstern in

Bewegung. Man glaubte anfangs es wäre Feuerlärm, und am Schlosse kam die Wache in Bewegung. Was ist denn, was giebt's denn? hieß es überall. Da rief man sich zu: der neue Professor wird lesen. Du siehst, daß der Zufall selbst dazu beitrug, meinen Anfang recht brillant zu machen. Ich folgte in einer kleinen Weile, von Reinhold begleitet, nach, es war mir, als wenn ich durch die Stadt, die ich fast ganz zu durchwandern hatte, Spießruten liefe.

Grießbachs Auditorium ist das größte, und kann, wenn es vollgedrängt ist, zwischen drei= und vierhundert Menschen fassen. Voll war es diesmal, und so sehr, daß ein Vorsaal und noch die Flur bis an die Hausthüre besetzt war, und im Auditorium selbst viele sich auf die Subsellien stellten. Ich zog also durch eine Allee von Zuschauern und Zuhörern ein, und konnte den Katheder kaum finden; unter lautem Pochen, welches hier für Beifall gilt, bestieg ich ihn, und sah mich von einem Amphitheater von Menschen umgeben. So schwül der Saal war, so erträglich war's am Katheder, wo alle Fenster offen waren, und ich hatte doch frischen Odem. Mit den zehn ersten Worten, die ich selbst noch fest aussprechen konnte, war ich im ganzen Besitz meiner Contenance, und ich las mit einer Stärke und Sicherheit der Stimme, die mich selbst überraschte. Vor der Thüre konnte man mich noch recht gut hören. Meine Vorlesung machte Eindruck, den ganzen Abend hörte man in der Stadt davon reden, und mir widerfuhr eine Aufmerksam= keit von den Studenten, die bei einem neuen Professor das erste Beispiel war. Ich bekam eine Nachtmusik, und Vivat wurde dreimal gerufen. Den andern Tag war das Audi= torium ebenso stark besetzt, und ich hatte mich schon so gut in mein neues Fach gefunden, daß ich mich setzte. Doch habe ich

beidemale meine Vorlesung abgelesen, und nur wenig bei der
zweiten extemporiert. Indes kann ich, wenn ich aufrichtig sein
soll, dem Vorlesungenhalten selbst noch keinen rechten Ge=
schmack abgewinnen; wäre man der Empfänglichkeit, und
einer gewissen vorbereitenden Fähigkeit bei den Studierenden
versichert, so könnte ich überaus viel Interesse und Zweck=
mäßigkeit in dieser Art zu wirken finden. So aber bemäch=
tigte sich meiner sehr lebhaft die Idee, daß zwischen Katheder
und den Zuhörern eine Art von Schranke ist, die sich kaum
übersteigen läßt. Man wirft Worte und Gedanken hin, ohne
zu wissen und fast ohne zu hoffen, daß sie irgendwo fangen;
fast mit der Überzeugung, daß sie von vierhundert Ohren
vierhundertmal, und oft abenteuerlich mißverstanden werden.
Keine Möglichkeit, sich wie im Gespräch an die Fassungskraft
des Andern anzuschmiegen. Bei mir ist dies der Fall noch
mehr, da es mir ungewohnt ist, zur platten Deutlichkeit herab=
zusteigen. Die Zeit verbessert dies vielleicht—aber groß sind
meine Hoffnungen doch nicht. Ich tröste mich damit, daß in
jedem öffentlichen Amte immer nur der hundertste Theil der
Absicht erfüllt wird. Meine erste Vorlesung handelte vorzüglich
von dem Unterschiede des Brotgelehrten und des philosophischen
Kopfs. Außer den localen Ursachen, die ich hatte, die Be=
griffe meiner Leute über diese zwei Dinge zu fixieren, hatte ich
allgemeine, die ich Dir nicht zu sagen brauche. In meiner
zweiten Vorlesung gab ich die Idee von Universalgeschichte.

Es ist hier ein solcher Geist des Neides, daß dieses kleine
Geräusch, das mein erster Auftritt machte, die Zahl meiner
Freunde wohl schwerlich vermehrt hat. Indessen kann ich
von meiner hiesigen Existenz nichts anderes als Gutes schreiben;
es war mir kaum irgendwo so wohl als hier, weil ich hier zu

Schiller an Körner.

Hause bin. Meine Freunde tragen mich auf den Händen, mein Humor ist gut; auch bin ich geselliger, und mein ganzes Sein hat einen bessern Anstrich. Der Bekanntschaften habe ich noch nicht sehr viele gemacht, aber durch abgegebene Karten mich doch wenigstens in eine Höflichkeitsverbindung mit einigen dreißig Häusern gesetzt. Von dem hiesigen Frauenzimmer kann ich schlechterdings noch nichts schreiben. Eine ziemliche Auswahl habe ich zwar gesehen, worunter aber nichts Auszeichnendes war. Ich wohnte einem Balle bei, wo ich sie größtentheils beisammen sah; ich hielt mich aber an das Spiel und ennuyierte mich mit Grießbach und Succow beim Tarochombre.

Der Himmel gebe nur, daß meine Kollegien im nächsten halben Jahre einschlagen. Es ist mir alsdann nicht bange, meine Umstände bald verbessert zu sehen und höhere Entwürfe zu machen. Behielte ich von den bisherigen Auditoren nur den vierten Teil, so verlangte ich nichts weiter. Eben höre ich, daß bei meiner zweiten Vorlesung vierhundertundachtzig Zuhörer waren und gegen funfzig keinen Platz mehr gefunden haben. Ich lese jetzt erst in zehn Tagen wieder, weil die Pfingstferien dazwischenfallen. S.

10.

Jena, 1. März 1790.

Du wirst schon aus meinem langen Stillschweigen schließen, daß unterdessen manches mit mir vorgegangen sein müsse, und Du schließest recht. Ich bin ein sechstägiger Ehemann; am letzten Montag, als den 22sten, wurden wir getraut, und nach einer Zerstreuung von acht Tagen ist dies der erste ruhige Augenblick, den ich Dir widmen kann. Nicht als ob wir in dieser Zeit in Saus und Braus gelebt hätten, es ging alles ganz still und häuslich zu; aber meine Schwiegermutter war diese Woche über hier, und einige Besuche aus Weimar, die ersten Einrichtungen kamen dazu, die mich nicht recht zum Schreiben kommen ließen.

Verlange jetzt noch keine weitläufigen Details über meine innere und äußere Veränderung. Ich bin noch in einem Taumel, und mir ist herzlich wohl dabei. Das ist alles, was ich Dir für jetzt von mir sagen kann.

Die Veränderung selbst ist so ruhig und unmerklich vor sich gegangen, daß ich selbst darüber erstaunte, weil ich mich bei dem Heiraten immer vor der Hochzeit gefürchtet habe. Ich weiß nicht, ob ich dir schrieb, daß ich nach Erfurt gehen würde, um meine Frau dort abzuholen und den Koadjutor zu besuchen. Diese Reise ging vor zwölf Tagen vor sich, und ich lebte drei angenehme Tage in Gesellschaft meiner Frau und Schwägerin, welches mich nach und nach daran gewöhnte von ihnen ungetrennt zu sein. Da man uns überall, wo wir hinkamen, als ein Paar ansah, und der Koadjutor besonders einen innigen Antheil an unserem Verhältnisse nahm, so verschönerte mir dieses meinen Aufenthalt in Erfurt gar sehr. Am vorletzten Sonntag fuhren wir nach Jena, und den Montag darauf meiner Schwiegermutter entgegen, die von Rudolstadt kam. Noch unterwegs ward die Trauung in einer Dorfkirche bei Jena, bei verschlossenen Thüren, von einem kantischen Theologen verrichtet; das Geheimniß ist ganz über meine Erwartung geglückt, und alle Anschläge von Studenten und Professoren mich zu überraschen wurden dadurch hintertrieben. Mit meiner Schwiegermutter verlebten wir nun noch einige angenehme Tage, und da unsere Einrichtung gleich

Schiller an Körner.

ordentlich gemacht war, so gaben wir schon die ersten Tage ein volles schönes Bild des häuslichen Lebens. Ich fühle mich glücklich, und alles überzeugt mich, daß meine Frau es durch mich ist und bleiben wird. Meine Schwägerin bleibt bei uns, aber ich mußte ihr ein anderes Logis mieten, weil es mir zwischen jetzt und Michaelis noch an Zimmern fehlt. Unsere Einrichtung ist gut ausgefallen, und ich gefalle mir in dieser neuen Ordnung gar sehr. Meine Frau hat eine Jungfer und ich einen Bedienten, die mir beide nicht mehr zu unterhalten kosten, als Dir ein Bedienter in Dresden. Mit der Kost und dem Übrigen wird es bleiben, wie ich Dir schon geschrieben habe.

Was für ein schönes Leben führe ich jetzt! Ich sehe mit fröhlichem Geiste um mich her, und mein Herz findet eine immerwährende sanfte Befriedigung außer sich, mein Geist eine so schöne Nahrung und Erholung. Mein Dasein ist in eine harmonische Gleichheit gerückt; nicht leidenschaftlich gespannt, aber ruhig und hell gingen mir diese Tage dahin. Ich habe meiner Geschäfte gewartet, wie zuvor, und mit mehr Zufriedenheit mit mir selbst.

Dein
S.

11.

Jena, 13. Dezember 1791.

Ich muß Dir unverzüglich schreiben, ich muß Dir meine Freude mittheilen, lieber Körner. Das, wonach ich mich schon so lange ich lebe aufs Feurigste gesehnt habe, wird jetzt erfüllt. Ich bin auf lange, vielleicht auf immer aller Sorgen los; ich habe die längst gewünschte Unabhängigkeit des Geistes. Heute erhalte ich Briefe aus Kopenhagen vom Prinzen von

Augustenburg und vom Grafen Schimmelmann, die mir auf drei Jahre jährlich tausend Thaler zum Geschenk anbieten, mit völliger Freiheit zu bleiben wo ich bin, bloß um mich von meiner Krankheit völlig zu erholen. Aber die Delicatesse und Feinheit, mit der der Prinz mir dieses Anerbieten macht, könnte mich noch mehr rühren als das Anerbieten selbst. Ich werde Dir die Briefe in acht oder zehn Tagen schicken. Sie wünschen zwar, daß ich in Kopenhagen leben möchte, und der Prinz schreibt, daß, wenn ich angestellt sein wollte, man dazu Rat schaffen würde,—aber dies geht sobald nicht, da meine Verbindlichkeit gegen den Herzog von Weimar noch zu neu ist, und noch vieler anderer Ursachen wegen. Aber hinreisen werde ich doch, wenn es auch erst in einem oder zwei Jahren geschieht.

Wie mir jetzt zu Mute ist, kannst Du denken. Ich habe die nahe Aussicht, mich ganz zu arrangieren, meine Schulden zu tilgen und, unabhängig von Nahrungssorgen, ganz den Entwürfen meines Geistes zu leben. Ich habe endlich einmal Muße zu lernen und zu sammeln, und für die Ewigkeit zu arbeiten. Binnen drei Jahren kann ich entweder in Dänemark eine Versorgung finden, oder es fällt mit Mainz etwas vor—und dann bin ich auf zeitlebens gedeckt.

Aber was detailliere ich Dir dieses alles? Sage Dir selbst, wie glücklich mein Schicksal ist. Ich kann Dir für heute nichts mehr sagen. Deinen Brief, den ich heute erhielt, beantworte ich das nächste Mal. Tausend Grüße an Minna und Dorchen, von mir und meiner Lotte.

Ewig Dein
S.

Schiller an Körner.

12.

Jena, 25. Mai 1792.

Der dreißigjährige Krieg ist seit einigen Tagen wieder angefangen und es scheint, daß sich diese Arbeit leicht fördern wird, ohne mir zu viel Anspannung zu kosten. Ich bestimme höchstens vier Stunden zum Schreiben und etwa zwei zum Nachlesen, und auch diese sechs Stunden folgen nicht unmittelbar aufeinander. Auf diesem Wege bringe ich beinahe, ohne daß ich es gewahr werde, jeden Tag einen Viertelbogen zu Stande, und kann zu Ende August mit der Arbeit fertig sein.

An die ästhetischen Briefe habe ich, wie du leicht begreifen wirst, jetzt noch nicht kommen können, aber ich lese in dieser Absicht Kants Urteilskraft wieder, und wünschte deswegen, daß Du Dich vorläufig auch recht damit vertraut machen möchtest. Wir werden einander dann um so leichter begegnen und mehr auf den nämlichen Zweck arbeiten, auch eine mehr gleichförmige Sprache führen. Baumgarten will ich auch vorher noch lesen. Ich bin jetzt voll Ungeduld etwas Poetisches unter die Hand zu bekommen, besonders juckt mir die Feder nach dem Wallenstein. Eigentlich ist es doch nur die Kunst selbst, wo ich meine Kräfte fühle; in der Theorie muß ich mich immer mit Principien plagen; da bin ich bloß ein Dilettant. Aber um der Ausübung selbst willen, philosophiere ich gern über die Theorie, die Kritik muß mir jetzt selbst den Schaden ersetzen, den sie mir zugefügt hat, und geschadet hat sie mir in der That; denn die Kühnheit, die lebendige Glut, die ich hatte, ehe mir noch eine Regel bekannt war, vermisse ich schon seit mehreren Jahren. Ich sehe mich jetzt erschaffen und bilden, ich beobachte das Spiel der Begeisterung, und meine Einbildungskraft beträgt sich mit minderer Freiheit, seitdem sie sich nicht mehr ohne Zeugen weiß. Bin ich aber erst so weit, daß mir Kunstmäßigkeit zur **Natur** wird, wie einem wohlgesitteten Menschen die Erziehung, so erhält auch die Phantasie ihre vorige Freiheit zurück, und setzt sich keine andere als freiwillige Schranken.

Oft widerfährt es mir, daß ich mich der Entstehungsart meiner Produkte, auch der gelungensten, schäme. Man sagt gewöhnlich, daß der Dichter seines Gegenstandes **voll sein müsse**, wenn er schreibe. Mich kann oft eine einzige und nicht immer eine wichtige Seite des Gegenstandes einladen, ihn zu bearbeiten, und erst unter der Arbeit selbst entwickelt sich Idee aus Idee. Was mich antrieb die Künstler zu machen, ist gerade weggestrichen worden als sie fertig waren. So war's beim Carlos selbst. Mit Wallenstein scheint es etwas besser zu gehen; hier war die Hauptidee auch die Aufforderung zum Stücke. Wie ist es aber nun möglich, daß bei einem so unpoetischen Verfahren doch etwas Vortreffliches entsteht? Ich glaube, es ist nicht immer die lebhafte Vorstellung seines Stoffes, sondern oft nur das Bedürfniß nach Stoff, ein unbestimmter Drang nach Ergießung strebender Gefühle, was Werke der Begeisterung erzeugt. Das Musikalische eines Gedichts schwebt mir weit öfter vor der Seele, wenn ich mich hinsetze es zu machen, als der klare Begriff vom Inhalt, über den ich oft kaum mit mir einig bin. Ich bin durch meine Hymne an das Licht, die mich jetzt manchen Augenblick beschäftigt, auf diese Bemerkung geführt worden. Ich habe von diesem Gedicht noch keine Idee, aber eine Ahnung, und doch will ich im voraus versprechen, daß es gelingen wird.

Lebe wohl und grüße Minna und Dorchen herzlich von mir. Dein S.

13.

Ludwigsburg. 10. December 1793.

Ich habe es müssen darauf ankommen laßen, Dich diese Zeit über wegen meiner in Ungewißheit zu laßen; denn ich hatte ordentlich einen physischen Widerwillen gegen das Schreiben. Ein so hartnäckiges Übel, als das meinige, welches bei noch so mannigfaltigen Einwirkungen von außen, auch nicht die geringste Veränderung erfährt, weder zum Schlimmen noch zum Guten, müßte endlich auch einen stärkeren Mut als der meinige ist, überwältigen. Ich wehre mich dagegen mit meiner ganzen Abstraktionsgabe, und wo es angeht, mit der ganzen Fruchtbarkeit meiner Einbildungskraft; aber immer kann ich doch nicht das Feld behalten. Seit meinem letzten Briefe an Dich vereinigte sich so vieles, meine Standhaftigkeit zu bestürmen. Eine Krankheit meines Kleinen, von der er sich aber jetzt vollkommen wieder erholt hat, meine eigne Krankheit, die mir so gar wenig freie Stunden läßt, die Unbestimmtheit meiner Aussichten in die Zukunft, da die mainzer Aspekten sich ganz verfinstert haben, der Zweifel an meinem eigenen Genius, der durch gar keine wohlthätige Berührung von außen gestärkt und ermuntert wird, der gänzliche Mangel einer geistreichen Konversation, wie sie mir jetzt Bedürfniß ist. Bei dieser hinfälligen Gesundheit muß ich alle Erweckungsmittel zur Thätigkeit aus mir selbst nehmen, und anstatt einige Nachhülfe von außen zu empfangen, muß ich vielmehr mit aller Macht dem widrigen Eindruck entgegenstreben, den der Umgang mit so heterogenen Menschen auf mich macht. Meine Gefühle sind durch meine Nervenleiden reizbarer, und für alle Schiefheiten, Härten, Unfeinheiten und

Geschmacklosigkeiten empfindlicher geworden. Ich fordere mehr als sonst von Menschen, und habe das Unglück, mit solchen in Verbindung zu kommen, die in diesem Stücke ganz verwahrlost sind. Wäre ich mir nicht bewußt, daß die Rücksicht auf meine Familie den vornehmsten Anteil an meiner Hierherkunft gehabt hätte — ich könnte mich nie mit mir selbst versöhnen. Doch warum schlage ich Dich mit solchen Betrachtungen nieder, und wozu hilft es mir? Gebe nur der Himmel, daß meine Geduld nicht reiße, und ein Leben, das so oft von einem wahren Tode unterbrochen wird, noch einigen Wert bei mir behalte.

Laß es Dich also nicht wundern, oder nimm es nicht empfindlich auf, wenn ich unter uns beiden der weniger Thätige bin. Ich erinnere mich, daß ich das Gegenteil war, und es thut mir selbst am meisten leid, daß ich jetzt mehr empfangen muß, als ich geben kann. Ich will es nicht leugnen, daß ich eine Zeitlang empfindlich auf Dich war. Schon lange ist es bloß meine Thätigkeit, die mir mein Dasein noch erträglich macht, und es kann mir unter diesen Umständen begegnet sein, daß ich diesen subjektiven Wert, den meine neuern Arbeiten für mich haben, für objektiv nahm, und besser davon dachte, als sie wohl wert sein mögen. Kurz, ich bildete mir ein, sowohl in meinen Briefen vom vergangenen Winter, als in einigen neueren gedruckten Aufsätzen, Ideen ausgestreut zu haben, die einer wärmeren Aufnahme würdig wären, als sie bei Dir fanden. Bei dieser Dürre um mich her, wäre es mir so wohlthätig gewesen, eine Aufmunterung von Dir zu erhalten, und bei der Meinung, die ich von Dir habe, konnte ich mir Dein Stillschweigen, oder Deine Kälte, nur zu meinem Nachteile erklären. Ich brauche aber wahrhaftig eher Er-

Schiller an Körner.

munterung als Niederschlagung; denn zu großes Vertrauen auf mich selbst ist nie mein Fehler gewesen. Du konntest, wie ich jetzt wohl einsehe, nicht wissen, wie sehr ich Deiner Hülfe bedurfte. Du konntest den Zustand meiner Seele nicht erraten; aber so billig urteilte ich in denjenigen Momenten nicht von Dir, wo ich meine Wünsche und Erwartungen getäuscht fand. — Daß ich Dir diese Entdeckung jetzt mache, beweist, daß ich über diesen Zustand gesiegt, und meine Partie genommen habe. Vergiß also alles, und laß es auf Deine Freiheit gegen mich keinen Einfluß haben.

Der Tod des alten Herodes hat weder auf mich, noch auf meine Familie Einfluß, außer daß es allen Menschen, die unmittelbar mit dem Herrn zu thun hatten, wie mein Vater, sehr wohl ist, jetzt einen Menschen vor sich zu haben. Das ist der neue Herzog in jeder guten, und auch in jeder schlimmen Bedeutung des Wortes.

Meine Frau ist gesunder als je, und das ist auch der größte äußere Trost, den ich jetzt habe. Der Kleine ist gesund, und meine Familie auf der Solitüde auch bei dem besten Wohlsein. Tausend herzliche Grüße an Minna und Doris. Hier einen Brief von meiner Lotte an die letzteren, der schon vierzehn Tage zum Einschluß parat gelegen hat. S.

14.
Jena, 17. October 1796.

Das Zahnweh hat mich verlassen, der kleine Ernst ist auch wieder besser, und so fange ich denn an, wieder aufzuleben. In der letzten Woche lag noch ein sehr drückendes Geschäft auf mir: die Spedition des Almanachs welche dem Buchbinder von Cotta übergeben war, aber von ihm, da er auf die Messe reiste, nicht besorgt werden konnte. Auch konnte ich ihm die an sich wichtige Sache, da er nicht accurat ist, nicht wohl anvertrauen. Cotta hatte die Speditionsliste nebst den nötigen Notizen hierhergeschickt.- Es waren in allem hundert und fünf und fünfzig größere und kleinere Packen an ebenso viele Buchhandlungen zu machen, welche alsdann an den Cottaschen Commissionär nach Leipzig geschickt und von ihm an die Behörde besorgt wurden.

Dieses Geschäft war deswegen keine Kleinigkeit, weil drei- bis viererlei Formen des Almanachs, deren jede einen andern Preis hat, zu verteilen waren; einige mußten ferner m i t und andere o h n e Kalender verschickt werden, zu jedem Packet kamen gedruckte Speditions- und Preiszettel, die ich beschreiben mußte; über dies alles mußte ein Buch gehalten werden. Während der Arbeit selbst fehlte es bald am Buchbinder, bald an den Musikalien u. s. w., so daß ich wirklich meine Buchhalterlehrjahre dabei ausgestanden, ob ich gleich das wirkliche Packgeschäft nur bei der ersten Lieferung in meinem Hause verrichten ließ, die zwei anderen Lieferungen aber, nachdem ich die Contenta angeordnet, durch einen hiesigen Buchhändler packen und fortschicken ließ. Es sind jetzt von dem Almanach über vierzehnhundert Exemplare auf die leipziger Messe verschickt, gegen vier hundert sind roh an Cotta gelaufen, hundert und acht sind bloß hier und in Weimar verkauft worden, obgleich in beiden Städten über ein Dutzend verschenkter Exemplare cirkulierten.

Buchhändler Böhme aus Leipzig, an den ich die Ballen besorgt, schreibt mir, daß sie sich reißend vergriffen. Es geht mir mit Euch Herren und meinen diesjährigen Gedichten, wie im vorigen Jahre—jeder wählt sich ein anderes für seinen Geschmack aus. Dem Humboldt geht nichts über die Geschlechter, Goethe sind die tabulae votivae, an denen er selbst sehr wenig Anteil hat, das liebste von mir; auch ich halte auf die tabulas votivas am meisten. Indessen freut es mich sehr, daß Du die zwei ersten: das Mädchen und Herculanum liebst; in beiden habe ich meine Manier zu verlassen gesucht—und es ist eine gewisse Erweiterung meiner Natur, wenn mir diese neue Art nicht mißlungen ist.

Hier sende ich auch die Melodien von Zelter zu dem Almanach und zwei neue Stücke Horen, die ich endlich erhalten. Die Einlage bist Du wohl so gut an Langbein zu senden.

S.

15.

Jena, 28. November 1796.

Ich brüte noch immer ernstlich über den Wallenstein, aber noch immer liegt das unglückselige Werk formlos und endlos vor mir da. Du mußt aber nicht denken, als ob ich meine dramatische Fähigkeit, so weit ich sie sonst mag besessen haben, überlebt hätte; nein, ich bin bloß deswegen unbefriedigt, weil meine Begriffe von der Sache und meine Anforderungen an mich selbst, jetzt bestimmter und klarer, und die letzteren strenger sind. Keins meiner alten Stücke hat so viel Zweck und Form, als der Wallenstein jetzt schon hat; aber ich weiß jetzt zu genau, was ich will und was ich soll, als daß ich mir das Geschäft so leicht machen könnte.

Der Stoff ist, ich darf sagen, im höchsten Grade ungeschmeidig für solchen Zweck; er hat beinahe alles, was ihn davon ausschließen sollte. Es ist im Grunde eine Staatsaction, und hat, in Rücksicht auf den politischen Gebrauch, alle Unarten an sich, die eine politische Handlung nur haben kann: ein unsichtbares abstractes Object, kleine, und viele

Mittel, zerstreute Handlungen, einen furchtsamen Schritt, eine (für den Vorteil des Poeten) viel zu trockene Zweckmäßigkeit, ohne doch diese bis zur Vollendung und dadurch zu einer poetischen Größe zu treiben; denn am Ende mißlingt der Entwurf doch nur durch Ungeschicklichkeit. Die Base, worauf Wallenstein seine Unternehmung gründet, ist die Armee: mithin für mich eine unendliche Fläche, die ich nicht vor's Auge und nur mit unsäglicher Kunst vor die Phantasie bringen kann; ich kann also das Object, worauf er ruht, nicht zeigen, und ebenso wenig das, wodurch er fällt: das ist ebenfalls die Stimmung der Armee, der Hof, der Kaiser. Auch die Leidenschaften selbst, durch die er bewegt wird: Rachsucht und Ehrbegierde, sind von der kältesten Gattung. Sein Charakter endlich ist niemals edel, und darf es nie sein, und durchaus kann er nur furchtbar, nie eigentlich groß erscheinen. Um ihn nicht zu erdrücken, darf ich ihm nichts Großes gegenüberstellen; er hält mich dadurch notwendig nieder.

Mit Einem Worte: es ist mir fast alles abgeschnitten, wodurch ich diesem Stoffe nach meiner gewohnten Art beikommen könnte—von dem Inhalt habe ich fast nichts zu erwarten, alles muß durch eine glückliche Form bewerkstelligt werden— und nur durch eine kunstreiche Führung der Handlung kann ich ihn zu einer schönen Tragödie machen.

Du wirst dieser Schilderung nach fürchten, daß mir die Lust an dem Geschäfte vergangen sei, oder, wenn ich dabei wider meine Neigung beharre, daß ich meine Zeit dabei verlieren werde. Sei aber unbesorgt: meine Lust ist nicht im Geringsten geschwächt, und ebenso wenig meine Hoffnung eines trefflichen Erfolges. Gerade so ein Stoff mußte es sein, an dem ich mein neues bramatisches Leben eröffnen

konnte. Hier, wo ich nur auf der Breite eines Scheermessers
gehe, wo jeder Seitenschritt das ganze zu Grunde richtet; kurz,
wo ich nur durch die einzige innere Wahrheit, Notwendigkeit
Stetigkeit und Bestimmtheit meinen Zweck erreichen kann,
muß die entscheidende Krise mit meinem poetischen Charakter
erfolgen. Auch ist sie schon stark im Anzuge; denn ich tractiere
mein Geschäft schon ganz anders, als ich ehemals pflegte.
Der Stoff und Gegenstand ist so sehr außer mir, daß ich ihm
kaum eine Neigung abgewinnen kann; er läßt mich beinahe
kalt und gleichgültig, und doch bin ich für die Arbeit begeistert.
Zwei Figuren ausgenommen, an die mich Neigung fesselt,
behandle ich alle übrigen, und vorzüglich den Hauptcharakter,
bloß mit der reinen Liebe des Künstlers; und ich verspreche
Dir, daß sie dadurch um nichts schlechter ausfallen sollen.
Aber zu diesem bloß objectiven Verfahren war und ist mir
das weitläufige und freudlose Studium der Quellen so unentbehrlich; denn ich mußte die Handlung wie die Charaktere
aus ihrer Zeit, ihrem Local, und dem ganzen Zusammen-
hange der Begebenheiten schöpfen: welches ich weit weniger
nötig hätte, wenn ich mich durch eigene Erfahrung mit
Menschen und Unternehmungen aus diesen Klassen hätte
bekannt machen können. Ich suche absichtlich in den
Geschichtsquellen eine Begrenzung, um meine Ideen durch
die Umgebung der Umstände streng zu bestimmen, und zu
verwirklichen; dafür bin ich sicher, daß mich das Historische
nicht herabziehen oder lähmen wird. Ich will dadurch meine
Figuren und meine Handlung bloß beleben; beseelen muß
sie diejenige Kraft, die ich allenfalls schon habe zeigen können,
und ohne welche ja überhaupt kein Gedanke an dieses Geschäft von Anfang an möglich gewesen wäre.

Auf dem Wege, wo ich jetzt gehe, kann es leicht geschehen, daß mein Wallenstein durch eine gewisse Trockenheit der Manier sich von meinen vorhergehenden Stücken gar seltsam unterscheiden wird. Wenigstens habe ich mich bloß vor dem Extreme der Nüchternheit, nicht wie ehemals vor dem der Trunkenheit zu fürchten.

Aus dem, was ich hier hingeworfen, kannst Du Dir nun wohl erklären, warum meine Vorarbeiten an dem Wallenstein für nicht viel zu rechnen sind; obgleich sie allein mich bestimmt hatten, dem Stoffe getreu zu bleiben. Sonst aber mußte ich die Arbeit als eine ganz neue tractieren, und Du begreifst, warum ich keine schnellen Schritte machen kann. Dennoch hoffe ich in drei Monaten des Ganzen so weit mächtig zu sein, daß mich nichts an der Ausführung hindert. Freilich versprecheich mir den Trost der Vollendung vor dem August des künftigen Jahres nicht. Bei Euch also werde ich auch des vollendeten Wallensteins, wie des Carlos, zuerst mich freuen, und ehe es dahin kommt, werde ich Dir noch manche Aufmunterung dabei zu danken haben.

Laß uns aber nun den Vertrag miteinander aufrichten: daß Du es nie annehmen willst, wenn ich Dich teilweise mit dem Stücke bekannt machen wollte. Leicht könnte mir einmal der Autorendrang kommen—und da hätte ich den wichtigsten Teil Deines Urteils mir geraubt, welches sich nur auf die klare Ansicht des Ganzen gründen kann. Ich werde es ebenso mit Goethe und mit Humboldt halten, und mir auf diese Art in Eurem dreifachen Urteile einen Schatz aufheben.

Sollte Dir irgend ein Werk bekannt sein, das mir jene Art von Welt, militärische und politische, in einer anschaulicheren Form näher bringen könnte, wie z. B. gewisse Me=

moires, so mache mich doch darauf aufmerksam. Ich muß die
Notizen dieser Art so mühsam zusammenlesen, und finde bei=
nahe doch nichts.

Humboldt meint, ich solle den Wallenstein in Prosa
schreiben; mir ist es in Rücksicht auf die Arbeit ziemlich einerlei,
ob ich Jamben oder Prosa mache. Durch die ersten würde er
mehr poetische Würde, durch die Prosa mehr Ungezwungenheit
erhalten. Da ich ihn aber im strengen Sinne für die thea=
tralische Vorstellung bestimme, so wird es wohl besser gethan
sein, Humboldt hierin zu folgen.

S.

16.

Weimar, 16. Juni 1800.

Ich darf mich diesmal meines langen Stillschweigens nicht
schämen; meine Arbeit besaß mich so ganz, daß ich an nichts
anderes denken durfte, und erst jetzt, nachdem ich sie geendigt,
darf ich mich meiner alten Schulden erinnern. Ich habe mich
einige Wochen nach Ettersburg zurückgezogen, wo ich bloß mit
meinem Bedienten in einem weimarschen Schlosse lebte und
die Maria Stuart beendigte. Die vorige Woche kam ich
zurück und dirigierte die Proben auf dem Theater, vorgestern
ist sie gespielt worden, und mit einem Succeß, wie ich ihn nur
wünschen konnte. Ich fange endlich an mich des dramatischen
Organs zu bemächtigen und mein Handwerk zu verstehen.
Das Manuscript sende ich Dir, sobald die dringenden Bestel=
lungen expediert sind, denn ich muß die zwei ersten Abschriften,
die gemacht werden, nach Berlin und Leipzig senden. Doch
hoffe ich Dir das Stück nebst dem Wallenstein, der bis auf
die zwei letzten Bogen gedruckt ist, spätestens in zehn Tagen zu=
senden zu können. Einstweilen erhälst Du den Macbeth, daß

Du bis dahin doch etwas von mir zu lesen hast. Vergleiche ihn genau mit dem Original und den bisherigen Übersetzungen. Freilich macht er gegen das englische Original eine schlechte Figur; aber das ist wenigstens nicht meine Schuld, sondern der Sprache, und der vielen Einschränkungen, welche das Theater notwendig macht.

Mit meiner Gesundheit ging es in den zwei letzten Monaten sehr gut. Ich habe mir viele Bewegung gemacht, lebe jetzt viel in der Luft, man sieht mich wieder auf der Straße und an öffentlichen Orten, und ich komme mir selbst sehr verändert vor. Dies ist zum Theil das Werk meiner Thätigkeit, denn ich befinde mich nie besser, als wenn mein Interesse an einer Arbeit recht lebendig ist. Ich habe auch deswegen schon zu einer neuen Anstalt gemacht. S.

17.

Weimar, 5. Januar 1801.

Herzlich begrüßen wir Euch zum neuen Säculum und freuen uns von ganzer Seele, daß wir es alle mit einander mit Glück und Hoffnung beginnen. Wir werden in diesem neuen Jahrhundert, wie ich gewiß weiß, keine herzlichere Freundschaft schließen, als die unsrige ist, und mögen wir uns noch recht lange derselben freuen, und es erleben, sie in unsern Kindern fortgesetzt zu sehen.

Ich wünsche Dir Glück, daß Du Deine Umstände so gut verbessert hast. Wenn sich Deine Arbeiten nicht zugleich merklich häufen, so ist dieser Zuwachs allerdings sehr beträchtlich; aber eine gewisse Freiheit und Muße muß Dir bleiben, wenn Du glücklich sein sollst: denn das philosophische und ästhetische Wesen ist ein integranter Teil Deines Wohlseins.

Ich habe das alte Jahrhundert thätig beschlossen, und meine Tragödie, ob es gleich etwas langsam damit geht, gewinnt eine gute Gestalt. Schon der Stoff erhält mich warm; ich bin mit ganzem Herzen dabei, und es fließt auch mehr aus dem Herzen, als die vorigen Stücke, wo der Verstand mit dem Stoffe kämpfen mußte.

Wir haben unsere säcularischen Feste nicht ausführen können, weil sich Parteien in der Stadt erhoben und auch der Herzog den Eclat vermeiden wollte. Es ist auch nichts Erfreuliches produciert worden, das ich Dir mitteilen könnte. Etwas Poetisches zu machen, war überhaupt mein Wille nicht; es sollte bloß Leben und Bewegung in der Stadt entstehen. Am Neujahrsabend wurde die Schöpfung von Haydn aufgeführt, an der ich aber wenig Freude hatte, weil es ein charakterloser Mischmasch ist. Dagegen hat mir Gluck's **Iphigenia auf Tauris** einen unendlichen Genuß verschafft. Noch nie hat eine Musik mich so rein und schön bewegt, als diese: es ist eine Welt der Harmonie, die gerade zur Seele bringt und in süßer hoher Wemut auflöst. S.

18.

Weimar, 9. September 1802.

Ich muß mich meiner langen Pause wegen recht vor Dir schämen, aber da ich Dich auf der Reise wußte, so ergriff meine natürliche Faulheit diese Entschuldigung, um sich das Schreiben zu ersparen. Auch hast Du nichts dabei verloren, denn dieser Sommer giebt mir leider wenig Stoff dazu. Wiewohl, ich bin nicht unthätig gewesen und arbeite jetzt mit ziemlichem Ernste an einer Tragödie, deren Sujet Du aus meiner Erzählung kennst. Es sind die feindlichen Brüder, oder, wie ich es taufen werde, Die Braut von Messina. Über dem langen Hin- und Herschwanken von einem Stoffe zum andern habe ich zuerst nach diesem gegriffen, und zwar aus dreierlei Gründen:

1) war ich damit, in Absicht auf den Plan, der sehr einfach ist, am weitesten;

2) bedurfte ich eines gewissen Stachels von Neuheit in der Form, und einer solchen Form, die einen Schritt näher zur antiken Tragödie wäre — welches hier der Fall ist, denn das Stück läßt sich wirklich zu einer äschyleischen Tragödie an;

3) mußte ich etwas wählen, was nicht de longue haleine ist, weil ich nach der langen Pause notwendig bedarf, wieder etwas fertig zu sehen.

Ich muß auf jeden Fall am Ende des Jahres damit zu Stande sein, weil es Ende Januars zum Geburtstag unserer Herzogin aufgeführt zu werden bestimmt ist. Alsdann geht es hurtig an den Warbeck, wozu der Plan jetzt auch viel weiter gerückt ist, und unmittelbar nach diesem an den Wilhelm Tell; denn dies ist das Stück von dem ich Dir einmal schrieb, daß es mich lebhaft anziehe. Du hast vielleicht schon im vorigen Jahre davon reden hören, daß ich einen Wilhelm Tell bearbeite; denn selbst vor meiner Dresdner Reise wurde deshalb aus Berlin und Hamburg bei mir angefragt. Es war mir niemals in den Sinn gekommen. Weil aber die Nachfrage nach diesem Stücke immer wiederholt wurde, so wurde ich aufmerksam darauf und fing an, Tschudis schweizerische Geschichte zu studieren. Nun ging mir ein Licht auf; denn dieser Schriftsteller hat einen so treuherzigen, herodotischen, ja fast homerischen Geist, daß er einen poetisch zu stimmen im Stande ist. Ob nun gleich der Tell einer dramatischen Behandlung nichts weniger als günstig scheint, da die Handlung dem Ort und der Zeit nach ganz zerstreut auseinander liegt, da sie großenteils eine Staatsaction ist, und (das Märchen mit dem Hut und Apfel ausgenommen) der Darstellung widerstrebt; so habe ich doch bis jetzt so viel poetische Operationen damit vorgenommen, daß sie aus dem Historischen heraus= und in's Poetische eingetreten ist. Uebrigens brauche ich Dir nicht zu sagen, daß es eine verteufelte Aufgabe ist; denn wenn ich auch von allen Erwartungen, die das Publicum und das Zeitalter gerade zu diesem Stoffe mitbringt, wie billig abstrahiere, so bleibt mir doch eine sehr hohe poetische Forderung zu erfüllen—weil hier ein ganzes, localbedingtes Volk, ein ganzes und entferntes Zeitalter, und was die Haupt= sache ist, ein ganz örtliches, ja beinahe individuelles und ein= ziges Phänomen, mit dem Charakter der höchsten Notwen= digkeit und Wahrheit, soll zur Anschauung gebracht werden. Indeß stehen schon die Säulen des Gebäudes fest, und ich hoffe einen soliden Bau zu Stande zu bringen.

Damit Du indeß doch den Glauben an meine Productivität nicht ganz verlieren mögest, so lege ich die Kassandra bei, ein kleines Gedicht, das den vorigen Monat entstanden ist. Du wirst vielleicht bedauern, daß die Idee zu diesem Gedicht, welche vielleicht der Stoff einer Tragödie hätte werden können, nur lyrisch ausgeführt worden ist. Möge Euch die Kleinigkeit Freude machen. Ich ergötze mich an dem Gedanken, daß der liebe, häusliche Kreis sich um Dich her versammeln wird, wenn Du das Gedicht vorliest.

Ob ich in den nächsten Jahren etwas Kritisches oder Theoretisches werde ausarbeiten können, zweifle ich sehr; wenigstens zeigt sich durchaus keine Neigung dazu. Bringst du etwas fertig, so versichere ich Dir es sogleich an den Mann zu bringen. Heute wird Humboldt hier erwartet; ich werde ihn nicht ohne eine gewisse traurige Empfindung von uns hinwegscheiden sehen. Grüße meine Schwiegermutter von uns, wenn Du sie siehst; sie wird gewiß alle Augenblicke die ihr gehören, mit Euch zubringen.

Herzlich umarmen wir Euch alle. S.

19.

Weimar, 12. September 1803.

Daß meine Arbeit es ist, die mich am Schreiben gehindert, hast Du wohl erraten, aber deswegen ist noch nicht viel zu Tage gefördert worden, weil ich leider mit einem verwünschten Stoff zu kämpfen habe, der mich bald anzieht, bald abstößt. Es ist der Wilhelm Tell, an dem ich arbeite, und ich bitte Dich, wenn Du einige gute Schriften über die Schweiz weißt, sie mir zu nennen. Ich bin genötigt, viel darüber zu lesen, weil das Locale an diesem Stoffe so viel bedeutet, und ich möchte gern soviel möglich örtliche Motive nehmen. Wenn mir die Götter günstig sind, das auszuführen was ich im Kopfe habe, so soll es ein mächtiges Ding werden, und die Bühnen von Deutschland erschüttern.

Der König von Schweden war hier, er hat mir über meinen dreißigjährigen Krieg und die Achtung, mit der ich darin von den Schweden sprach, viel Verbindliches gesagt, und einen schönen Brillantring zum Präsent gemacht. Es ist dies der erste Vogel dieser Art, der mir in's Haus geflogen kommt; mögen ihm nur bald andere nachfolgen. Der König soll Karl dem Zwölften sehr ähnlich sehen; er hat einen Ausdruck von Kraft in seinem Gesicht, der ihm wohl steht, sein

Schiller an Körner.

Benehmen ist gefällig und er weiß sich auszudrücken. Leider habe ich bloß eine französische Konversation mit ihm führen können, wo mir die Übung fehlt; und so konnte ich mich auf nichts Wichtiges einlassen. S.

Eben erhalte ich einen Brief von Humboldt, der uns recht betrübt. Sein ältester Sohn Wilhelm ist schnell am Nervenfieber gestorben. Er war mir das liebste seiner Kinder; vor zwei Jahren, wo ich ihn sah, war er ein liebenswürdiger Knabe, der sehr viel versprach. Er schien gesund, wie das Leben selbst—ich fürchte doch, es ist das Klima, was ihn hinraffte, besonders der Sommer, den Humboldt fast ganz in Rom selbst zubrachte. Der arme Humboldt ist sehr gebeugt, das Kind war ihm auch am liebsten, er hat noch nie ein Unglück erfahren, wie er schreibt, und dieser erste Schlag ist der schwerste, der ihn treffen konnte. Jetzt hat er keinen Sohn mehr als den Theodor, der mir keine Freude machen würde.

Schreibe ihm doch ein tröstliches Wort.—Man wird unsicher an allem, was man zu besitzen glaubt, und fühlt sich schmerzlich gezwungen, dabei an sich selbst zu denken.

20

Weimar, 4. Januar 1804.

Freilich habe ich lange nichts von mir hören lassen, Ihr Lieben, aber ich war auch nie so gedrängt wie in den letzten vier Wochen.

Mein Stück, welches ich dem Berliner Theater, Ende Februar versprochen, nimmt mir den ganzen Kopf ein, und nun führt mir der Dämon noch die französische Philosophin hierher, die unter allen lebendigen Wesen, die mir noch vorgekommen, das beweglichste, streitfertigste und redseligste ist. Sie ist aber auch das gebildetste und geistreichste weibliche Wesen, und wenn sie nicht wirklich interessant wäre, so sollte sie mir auch ganz ruhig hier sitzen. Du kannst aber denken, wie eine solche ganz entgegengesetzte, auf dem Gipfel französischer Kultur stehende, aus einer ganz andern Welt zu uns hergeschleuderte Erscheinung mit unserem deutschen, und vollends mit meinem Wesen contrastieren muß. Die Poesie leitet sie mir beinahe ganz ab, und ich wundere mich, wie ich jetzt nur noch etwas machen kann. Ich sehe sie oft, und da ich mich noch dazu nicht mit Leichtigkeit im Französischen ausdrücke, so habe ich wirklich harte Stunden. Man muß sie aber ihres schönen Verstandes, selbst ihrer Liberalität und vielseitigen Empfänglichkeit wegen, hochschätzen und verehren. In dieser Zeit ist Herder gestorben und noch verschiedene Bekannte und Freunde, so daß wir wirklich recht traurige Betrachtungen anstellen, und uns der Todesgedanken kaum erwehren können.

Ohnehin ist der Winter ein so düstrer Gast, und enget einem das Herz. · S.

21.

Weimar, 20. November 1804.

Die Festivitäten, welche die Ankunft unserer Erbprinzessin veranlaßte, sind nun zu Ende, und wir treten wieder allmählich in unser Philisterleben zurück. Außer einem Katarrh, den ich mir geholt, bin ich ganz leidlich weggekommen, welches ich kaum erwarten konnte, da man sich bei solchen Gelegenheiten niemals schonen kann. Der Einzug war wirklich sehenswert, denn alle Welt war auf den Beinen, und die Bergstraße nebst der ganzen Anhöhe, woran Weimar sich lehnt, war von

Menschengruppen belebt. Die herzogliche Jägerei, die Kaufleute und die Schützengesellschaft, alle in ihren Uniformen, holten die Herrschaften ein. Der Zug ging durch eine sehr schöne Ehrenpforte in edlem Stil, davon Du im nächsten Journal des Luxus und der Moden eine Zeichnung finden wirst.

Bälle, Feuerwerk, Illumination, Musik, Komödie u. dgl. folgten nun zehn Tage aufeinander. Das Festlichste aber an der Sache war, die aufrichtige allgemeine Freude über unsere neue Prinzessin, an der wir in der That eine unschätzbare Acquisition gemacht haben. Sie ist äußerst liebenswürdig, und weiß dabei mit dem verbindlichsten Wesen eine Dignität zu paaren, welche alle Vertraulichkeit entfernt. Die Repräsentation als Fürstin versteht sie meisterlich; und es war wirklich zu bewundern, wie sie gleich in der ersten Stunde nach ihrer Ankunft, wo ihr die fürstlichen Diener bei Hof vorgestellt wurden, sich gegen Jeden zu benehmen wußte. Sie hat sehr schöne Talente im Zeichnen und in der Musik, hat Lektüre, und zeigt einen sehr gesetzten, auf ernste Dinge gerichteten Geist, bei aller Fröhlichkeit der Jugend. Ihr Gesicht ist anziehend, ohne schön zu sein, aber ihr Wuchs ist bezaubernd. Das Deutsche spricht sie mit Schwierigkeit, versteht es aber, wenn man mit ihr spricht, und liest es ohne Mühe. Auch ist es ihr Ernst, es zu lernen. Sie scheint einen sehr festen Charakter zu haben, und da sie das Gute und Rechte will, so können wir hoffen, daß sie es durchsetzen wird. Schlechte Menschen, leere Schwätzer und Schwadronierer möchten schwerlich bei ihr aufkommen. Ich bin nun sehr erwartend, wie sie sich hier ihre Existenz einrichten, und wohin sie ihre Thätigkeit richten wird. Gebe der Himmel, daß sie etwas für die Künste thun möge, die sich hier, besonders die Musik, gar schlecht befinden. Auch hat sie es nicht verhehlt, daß sie unsere Kapelle schlecht gefunden.

Auf dem Theater wollten wir uns anfangs eben nicht in Unkosten setzen, sie zu bekomplimentieren. Aber etliche Tage vor ihrem Anzug wurde Goethe angst, daß er allein sich auf nichts versehen habe—und die ganze Welt erwartete etwas von uns. In dieser Not setzte man mir zu, noch etwas Dramatisches zu erfinden; und da Goethe seine Erfindungskraft umsonst anstrengte, so mußte ich endlich mit der meinigen noch aushelfen. Ich arbeitete also in vier Tagen ein kleines Vorspiel aus, welches frischweg eingelernt und am 12. November gegeben wurde. Es reussierte über alle meine Hoffnungen, und ich hätte vielleicht Monate lang mich anstrengen können, ohne es dem ganzen Publikum so zu Dank zu machen, als es mir durch diese flüchtige Arbeit gelungen ist. Mit nächstem Posttag sollst Du eine Abschrift meines Machwerks erhalten.

Wolzogen hat mir von der regierenden Kaiserin einen sehr kostbaren Ring mitgebracht; ich hatte von dieser Seite her gar nichts erwartet; sie hat aber viel Geschmack an dem Carlos gefunden, und er hat ihr in meinem Namen ein Exemplar überreicht. S.

22.

Weimar, 25. April 1805.

Die bessere Jahreszeit läßt sich endlich auch bei uns fühlen, und bringt wieder Mut und Stimmung; aber ich werde Mühe haben, die harten Stöße seit neun Monaten zu verwinden, und ich fürchte, daß doch etwas davon zurückbleibt; die Natur hilft sich zwischen vierzig und funfzig nicht mehr so als im

Schiller an Körner.

dreißigsten Jahre. Indessen will ich mich ganz zufrieden geben, wenn mir nur Leben und leibliche Gesundheit bis zum funfzigsten aushält.

Ich bin zwar ziemlich fleißig, aber die lange Entwöhnung von der Arbeit und die noch zurückgebliebene Schwäche, lassen mich doch nur langsam fortschreiten. Wenn ich Dir auch gleich meinen Gegenstand nennte, so würdest Du Dir doch keine Idee von meinem Stücke machen können, weil Alles auf die Art ankommt, wie ich den Stoff nehme, und nicht wie er wirklich ist. Der Stoff ist historisch, und so wie ihn nehme, hat er volle tragische Größe, und könnte in gewissem Sinne das Gegenstück zu der Jungfrau von Orleans heißen, ob er gleich in allen Theilen davon verschieden ist.

Ist Dir der Neckersche Nachlaß, den seine Tochter herausgab, zu Gesicht gekommen? Wo nicht, so will ich Dir ihn schicken. Es wird Dich doch interessieren, diese Schrift zu lesen, die alle Kläffer in Paris gegen Madame de Staël in Bewegung setzte. Sie lobt ihren Vater freilich zu unverschämt, aber es steht ihr nicht übel. Das Buch enthält gerade nicht viel Wichtiges, aber doch manches Kuriose, worunter ein kleiner Roman von dem alten Necker eine seltsame Figur macht.

Herzlich grüßen wir Euch alle. Lebe wohl

S.

II.

Schiller an Goethe.

1.

Hochwohlgeborner Herr,
Hochzuverehrender Herr Geheimer Rat!

Beiliegendes Blatt enthält den Wunsch einer, Sie unbegrenzt hochschätzenden Gesellschaft, die Zeitschrift, von der die Rede ist, mit Ihren Beiträgen zu beehren, über deren Rang und Wert nur Eine Stimme unter uns sein kann. Der Entschluß Euer Hochwohlgeboren, diese Unternehmung durch Ihren Beitritt zu unterstützen, wird für den glücklichen Erfolg derselben entscheidend sein, und mit größter Bereitwilligkeit unterwerfen wir uns allen Bedingungen, unter welchen Sie uns denselben zusagen wollen.

Hier in Jena haben sich die HH. Fichte, Woltmann und von Humboldt zur Herausgabe dieser Zeitschrift mit mir vereinigt, und da, einer notwendigen Einrichtung gemäß, über alle einlaufenden Manuskripte die Urteile eines engern Ausschusses eingeholt werden sollen, so würden Ew. Hochwohlgeboren uns unendlich verpflichten, wenn Sie erlauben wollten, daß Ihnen zuzeiten eines der eingesandten Manuskripte dürfte zur Beurteilung vorgelegt werden. Je größer und näher der Anteil ist, dessen Sie unsre Unternehmung würdigen, desto mehr wird der Wert derselben bei demjenigen Publikum steigen, dessen Beifall uns der wichtigste ist. Hochachtungsvoll verharre ich Euer Hochwohlgeboren

gehorsamster Diener und aufrichtiger Verehrer

Jena, 13. Juni 1794. Fr. Schiller.

2.

Jena, den 23. August 1794.

Man brachte mir gestern die angenehme Nachricht, daß Sie von Ihrer Reise wieder zurückgekommen seien. Wir haben also wieder Hoffnung, Sie vielleicht bald einmal bei uns zu sehen, welches ich an meinen Teil herzlich wünsche. Die neulichen Unterhaltungen mit Ihnen haben meine ganze Ideenmasse in Bewegung gebracht, denn sie betrafen einen Gegenstand, der mich seit etlichen Jahren lebhaft beschäftigt. Über so manches, worüber ich mit mir selbst nicht recht einig werden konnte, hat die Anschauung Ihres Geistes (denn so muß ich den Totaleindruck Ihrer Ideen auf mich nennen), ein unerwartetes Licht in mir angesteckt. Mir fehlte das Objekt, der Körper, zu mehreren spekulativischen Ideen, und Sie brachten mich auf die Spur davon. Ihr beobachtender Blick, der so still und rein auf den Dingen ruht, setzt Sie nie in Gefahr, auf den Abweg zu geraten, in den sowohl die Speku= lation als die willkürliche und bloß sich selbst gehorchende Einbildungskraft sich so leicht verirrt. In Ihrer richtigen Intuition liegt alles und weit vollständiger, was die Analysis mühsam sucht, und nur weil es als ein Ganzes in Ihnen liegt, ist Ihnen Ihr eigener Reichtum verborgen; denn leider wissen wir nur das, was wir scheiden. Geister Ihrer Art wissen daher selten, wie weit sie gedrungen sind, und wie wenig Ursache sie haben, von der Philosophie zu borgen, die nur von ihnen lernen kann. Diese kann bloß zergliedern, was ihr gegeben wird, aber das Geben selbst ist nicht die Sache des Analytikers, sondern des Genies, welches unter dem dunkeln, aber sichern Einfluß reiner Vernunft nach objektiven Gesetzen verbindet.

Lange schon habe ich, obgleich aus ziemlicher Ferne, dem Gang Ihres Geistes zugesehen, und den Weg, den Sie sich vorgezeichnet haben, mit immer erneuter Verwunderung bemerkt. Sie suchen das Notwendige der Natur, aber Sie suchen es auf dem schwersten Wege, vor welchem jede schwächere Kraft sich wohl hüten wird. Sie nehmen die ganze Natur zusammen, um über das Einzelne Licht zu bekommen; in der Allzeit ihrer Erscheinungsarten suchen Sie den Erklärungsgrund für das Individium auf. Von der einfachen Organisation steigen Sie, Schritt vor Schritt, zu der mehr verwickelten hinauf, um endlich die verwickeltste von allen, den Menschen, genetisch aus den Materialien des ganzen Naturgebäudes zu erbauen. Dadurch, daß Sie ihn der Natur gleichsam nacherschaffen, suchen Sie in seine verborgene Technik einzudringen. Eine große und wahrhaft heldenmäßige Idee, die zur Genüge zeigt, wie sehr Ihr Geist das reiche Ganze seiner Vorstellungen in einer schönen Einheit zusammenhält. Sie können niemals gehofft haben, daß Ihr Leben zu einem solchen Ziele zureichen werde, aber einen solchen Weg auch nur einzuschlagen, ist mehr wert, als jeden andern zu endigen,—und Sie haben gewählt, wie Achill in der Ilias zwischen Phthia und der Unsterblichkeit. Wären Sie als ein Grieche, ja nur als ein Italiener geboren worden, und hätte schon von der Wiege an eine auserlesene Natur und eine idealisierende Kunst Sie umgeben, so wäre Ihr Weg unendlich verkürzt, vielleicht ganz überflüssig gemacht worden. Schon in die erste Anschauung der Dinge hätten Sie dann die Form des Notwendigen aufgenommen, und mit Ihren ersten Erfahrungen hätte sich der große Stil in Ihnen entwickelt. Nun, da Sie ein Deutscher geboren sind, da Ihr griechischer Geist in diese nordische Schöpfung geworfen wurde, so blieb Ihnen keine andere Wahl, als entweder selbst zum nordischen Künstler zu werden, oder Ihrer Imagination das, was ihr die Wirklichkeit vorenthielt, durch Nachhilfe der Denkkraft zu ersetzen, und so gleichsam von innen heraus und auf einem rationalen Wege ein Griechenland zu gebären. In derjenigen Lebensepoche, wo die Seele sich aus der äußern Welt ihre innere bildet, von mangelhaften Gestalten umringt, hatten Sie schon eine wilde und nordische Natur in sich aufgenommen, als Ihr siegendes, seinem Material überlegenes Genie diesen Mangel von innen entdeckte, und von außen her durch die Bekanntschaft mit der griechischen Natur davon vergewissert wurde. Jetzt mußten Sie die alte, Ihrer Einbildungskraft schon aufgedrungene schlechtere Natur nach dem besseren Muster, das Ihr bildender Geist sich erschuf, korrigieren, und das kann nun freilich nicht anders als nach leitenden Begriffen von statten gehen. Aber diese logische Richtung, welche der Geist bei der Reflexion zu nehmen genötigt ist, verträgt sich nicht wohl mit der ästhetischen, durch welche allein er bildet. Sie haben also eine Arbeit mehr: denn so wie Sie von der Anschauung zur Abstraktion übergingen, so mußten Sie nun rückwärts Begriffe wieder in Intuitionen umwandeln, und Gedanken in Gefühle verwandeln, weil nur durch diese das Genie hervorbringen kann.

So ungefähr beurteile ich den Gang Ihres Geistes, und ob ich recht habe, werden Sie selbst am besten wissen. Was Sie aber schwerlich wissen können (weil das Genie sich immer selbst das größte Geheimniß bleibt), ist die schöne Übereiustimmung Ihres philosophischen Instinktes mit den reinsten Resultaten der spekulierenden Vernunft. Beim ersten Anblicke zwar scheint es, als könnte es keine größeren Opposita geben, als den spekulativen Geist, der von der Einheit, und den intuitiven, der von der Mannigfaltigkeit ausgeht. Sucht aber der erste mit keuschem und treuem Sinn die Erfahrung und sucht der letzte mit selbstthätiger, freier Denkkraft das Gesetz, so kann es gar nicht fehlen, daß nicht beide einander auf halbem Wege begegnen werden. Zwar hat der intuitive Geist nur mit Individuen und der spekulative nur mit Gattungen zu thun. Ist aber der intuitive genialisch, und sucht er in dem Empirischen den Charakter der Notwendigkeit auf, so wird er zwar immer Individuen, aber mit dem Charakter der Gattung erzeugen; und ist der spekulative Geist genialisch, und verliert er, indem er sich darüber erhebt, die Erfahrung nicht, so wird er zwar immer nur Gattungen, aber mit der Möglichkeit des Lebens und mit gegründeter Beziehung auf wirkliche Objekte erzeugen.

Aber ich bemerke, daß ich anstatt eines Briefes eine Abhandlung zu schreiben im Begriff bin—verzeihen Sie es dem lebhaften Interesse, womit dieser Gegenstand mich erfüllt hat; und sollten Sie Ihr Bild in diesem Spiegel nicht erkennen, so bitte ich sehr, fliehen Sie ihn darum nicht.

Es wäre nun doch gut, wenn man das neue Journal bald in Gang bringen könnte, und da es Ihnen vielleicht gefällt, gleich das erste Stück desselben zu eröffnen, so nehme ich mir die Freiheit, bei Ihnen anzufragen, ob Sie Ihren Roman nicht nach und nach darin erscheinen lassen wollen? Ob und wie bald Sie ihn aber auch für unser Journal bestimmen, so würden Sie mir durch Mitteilung desselben eine sehr große

Gunſt erzeigen. Meine Freunde, ſowie meine Frau empfehlen ſich Ihrem gütigen Andenken, und ich verharre hochachtungs= voll

Ihr gehorſamſter Diener
Fr. Schiller.

3.

Jena, den 31. Auguſt 1794.

Bei meiner Zurückkunft aus Weißenfels, wo ich mit meinem Freunde Körner aus Dresden eine Zuſammenkunft gehabt, erhielt ich Ihren vorletzten Brief, deſſen Inhalt mir doppelt erfreulich war; denn ich erſehe daraus, daß ich in meiner Anſicht Ihres Weſens Ihrem eignen Gefühl begegnete, und daß Ihnen die Aufrichtigkei, mit der ich mein Herz darin ſprechen ließ, nicht mißfiel. Unſre ſpäte, aber mir manche ſchöne Hoffnung erweckende, Bekanntſchaft iſt mir abermals ein Beweis, wie viel beſſer man oft thut, den Zufall machen zu laſſen, als ihm durch zu viele Geſchäftigkeit vorzugreifen. Wie lebhaft auch immer mein Verlangen war, in ein näheres Verhältnis zu Ihnen zu treten, als zwiſchen dem Geiſt des Schriftſtellers und ſeinem aufmerkſamen Leſer möglich iſt, ſo begreife ich doch nunmehr vollkommen, daß die ſo ſehr ver= ſchiedenen Bahnen, auf denen Sie und ich wandelten, uns nicht wohl früher, als gerade jetzt, mit Nutzen zuſammenführen konnten. Nun kann ich aber hoffen, daß wir, ſo viel von dem Wege noch übrig ſein mag, in Gemeinſchaft durchwandeln werden, und mit um ſo größerm Gewinn, da die letzten Ge= fährten auf einer langen Reiſe ſich immer am meiſten zu ſagen haben.

Erwarten Sie bei mir keinen großen materiellen Reichtum

von Ideen; dies ist es, was ich bei Ihnen finden werde. Mein Bedürfnis und Streben ist, aus wenigem viel zu machen, und wenn Sie meine Armut an allem was man erworbene Kenntnis nennt, einmal näher kennen sollten, so finden Sie vielleicht, daß es mir in manchen Stücken damit mag gelungen sein. Weil mein Gedankenkreis kleiner ist, so durchlaufe ich ihn eben darum schneller und öfter, und kann eben darum meine kleine Barschaft besser nutzen, und eine Mannigfaltigkeit, die dem Inhalte fehlt, durch die Form erzeugen. Sie bestreben sich Ihre große Ideenwelt zu simplificieren, ich suche Varietät für meine kleinen Besitzungen. Sie haben ein Königreich zu regieren, ich nur eine etwas zahlreiche Familie von Begriffen, die ich herzlich gern zu einer kleinen Welt erweitern möchte.

Ihr Geist wirkt in einem außerordentlichen Grade intuitiv, und alle Ihre denkenden Kräfte scheinen auf die Imagination, als ihre gemeinschaftliche Repräsentantin, gleichsam kompromittiert zu haben. Im Grund ist dies das Höchste, was der Mensch aus sich machen kann, sobald es ihm gelingt, seine Anschauung zu generalisieren und seine Empfindung gesetzgebend zu machen. Darnach streben Sie, und in wie hohem Grade haben Sie es schon erreicht! Mein Verstand wirkt eigentlich mehr symbolisierend, und so schwebe ich, als eine Zwitterart, zwischen dem Begriff und der Anschauung, zwischen der Regel und der Empfindung, zwischen dem technischen Kopf und dem Genie. Dies ist es, was mir, besonders in frühern Jahren, sowohl auf dem Felde der Spekulation als der Dichtkunst ein ziemlich linkisches Ansehen gegeben; denn gewöhnlich übereilte mich der Poet, wo ich philosophieren sollte, und der philosophische Geist, wo ich dichten wollte. Noch jetzt

Schiller an Goethe.

begegnet es mir häufig genug, daß die Einbildungskraft meine Abstraktionen, und der kalte Verstand meine Dichtung stört. Kann ich dieser beiden Kräfte insoweit Meister werden, daß ich einer jeden durch meine Freiheit ihre Grenzen bestimmen kann, so erwartet mich noch ein schönes Los; leider aber, nachdem ich meine moralischen Kräfte recht zu kennen und zu gebrauchen angefangen, droht eine Krankheit meine physischen zu untergraben. Eine große und allgemeine Geistesrevolution werde ich schwerlich Zeit haben in mir zu vollenden, aber ich werde thun was ich kann, und wenn endlich das Gebäude zusammenfällt, so habe ich doch vielleicht das Erhaltungswerte aus dem Brande geflüchtet.

Sie wollten, daß ich von mir selbst reden sollte, und ich machte von dieser Erlaubniß Gebrauch. Mit Vertrauen lege ich Ihnen diese Geständnisse hin, und ich darf hoffen, daß Sie sie mit Liebe aufnehmen.

Der Ihrige.

Schiller.

4.

Jena, den 9. Dezember 1794.

Mit wahrer Herzenslust habe ich das erste Buch Wilhelm Meisters durchlesen und verschlungen, und ich danke dem= selben einen Genuß, wie ich lange nicht, und nie als durch Sie gehabt habe. Es könnte mich ordentlich verdrießen, wenn ich das Mißtrauen, mit dem Sie von diesem vortrefflichen Pro= dukt Ihres Genies sprechen, einer andern Ursache zuschreiben müßte, als der Größe der Forderungen, die Ihr Geist jederzeit an sich selbst machen muß. Denn ich finde auch nicht etwas darin, was nicht in der schönsten Harmonie mit dem lieblichen Ganzen stände. Erwarten Sie heute kein näheres Detail

meines Urteils. Die Hören und deren Ankündigung, nebst
dem Posttag, zerstreuen mich zu sehr, als daß ich mein Gemüt
zu einem solchen Zwecke gehörig sammeln könnte. Wenn ich
die Bogen noch einige Zeit hier behalten darf, so will ich mir
mehr Zeit dazu nehmen und versuchen, ob ich etwas von dem
fernern Gang der Geschichte und der Entwicklung der Charak=
tere divinieren kann. Herr v. Humboldt hat sich recht daran
gelabt, und findet, wie ich, Ihren Geist in seiner ganzen
männlichen Jugend, stillen Kraft und schöpferischen Fülle.
Gewiß wird diese Wirkung allgemein sein. Alles hält sich
darin so einfach und schön in sich selbst zusammen, und mit
wenigem ist so viel ausgerichtet. Ich gestehe, ich fürchtete
mich anfangs, daß wegen der langen Zwischenzeit, die zwischen
dem ersten Wurfe und der letzten Hand verstrichen sein muß,
eine kleine Ungleichheit, wenn auch nur des Alters, sichtbar
sein möchte. Aber davon ist auch nicht eine Spur zu sehen.
Die kühnen poetischen Stellen, die aus der stillen Flut des
Ganzen wie einzelne Blitze vorschlagen, machen eine treffliche
Wirkung, erheben und füllen das Gemüt. Über die schöne
Charakteristik will ich heute noch nichts sagen. Ebenso wenig
von der lebendigen und bis zum Greifen treffenden Natur, die
in allen Schilderungen herrscht, und die Ihnen überhaupt in
keinem Produkte versagen kann. Von der Treue des Gemäldes
einer theatralischen Wirtschaft und Liebschaft kann
ich mit vieler Kompetenz urteilen, indem ich mit beiden besser
bekannt bin, als ich zu wünschen Ursache habe. Die Apologie
des Handels ist herrlich und in einem großen Sinn. Aber
daß Sie neben dieser die Neigung des Haupthelden noch mit
einem gewissen Ruhm behaupten konnten, ist gewiß keiner der
geringsten Siege, welche die Form über die Materie errang.

Doch ich sollte mich gar nicht in das Innere einlassen, weil ich es in diesem Augenblicke nicht weiter durchführen kann.

Alles empfiehlt sich Ihnen aufs beste und freut sich über Ihre versprochene Hieherkunft sehr.

Schiller.

5.

Jena, den 27. Februar 1795.

Wenn die freundlichen Tage, die wir hier haben, auch von Ihnen genossen werden, so wünsche ich dem vierten Buch von W. Meister dazu Glück. Mich hat diese Ankündigung des Frühlings recht erquickt, und über mein Geschäft, das dessen sehr bedurfte, ein neues Leben ausgegossen. Wie sind wir doch mit aller unserer geprahlten Selbständigkeit an die Kräfte der Natur angebunden, und was ist unser Wille, wenn die Natur versagt! Worüber ich schon fünf Wochen lang brütete, das hat ein milder Sonnenblick binnen drei Tagen in mir gelöst; freilich mag meine bisherige Beharrlichkeit diese Entwicklung vorbereitet haben, aber die Entwicklung selbst brachte mir doch die erwärmende Sonne mit.

Ich bemächtige mich meines Stoffes immer mehr, und entdecke mit jedem Schritt, den ich vorwärts thue, wie fest und sicher der Grund ist, auf welchem ich baute. Einen Einwurf, der das Ganze umstürzen könnte, habe ich von nun an nicht mehr zu fürchten, und gegen einzelne Irrtümer in der Anwendung wird die strenge Verbindung des Ganzen selbst mich sicherstellen, wie den Mathematiker die Rechnung selbst vor jedem Rechnungsfehler warnt. * * *

Ihrem Versprechen gemäß können wir mit jedem Tag einen

Besuch von Ihnen erwarten, worauf ich mich herzlich freue.
Alles ist wohl und empfiehlt sich Ihnen aufs beste.

Schiller.

N.B. Die Synonymen haben Sie letzthin beizulegen ver=
gessen.

6.
Freitag Abends, 21. August.

Ich erinnere mich, wie ich einmal vor sieben Jahren in
Weimar saß und mir alles Geld bis etwa auf zwei Groschen
Porto ausgegangen war, ohne daß ich wußte, woher neues zu
bekommen. In dieser Extremität denken Sie sich meine an=
genehme Bestürzung, als mir eine längst vergessene Schuld
der Litteratur=Zeitung an demselben Tage übersendet wurde.
Das war in der That Gottes Finger, und das ist auch Ihre
heutige Mission. Ich wußte in der That nicht, was ich
Cottaen, der Manuskript für das neunte Stück nötig hat, heute
senden sollte; und Sie als ein wahrer Himmelsbote senden
mir zwar nur etwa einen halben Bogen, aber doch genug, um
mit dem Apollo einen ganzen auszumachen.

Ich werde kaum Zeit haben, dieses Manuskript noch zu
lesen, ob ich es gleich in orthographischer Rücksicht sorgfältig
durchlaufen will.

Auf Ihr Märchen freue ich mich sehr, denn es scheint unter
sehr guten Auspizien zur Welt zu kommen.

Herders Abhandlung soll mir auch eine recht angenehme
Apparition sein.

Humboldt begrüßt Sie. Ich werde Ihnen allerlei Kuriosa,
die Horen und auch etwas den Meister betreffend, zu erzählen

haben, wenn Sie hieher kommen, welches ich bald zu thun
herzlich bitte.

Leben Sie recht wohl. Sch.

7.

Den 29. Dezember 1795.

Der Gedanke mit den Xenien ist prächtig und muß aus=
geführt werden. Die Sie mir heute schickten, haben mich sehr
ergötzt, besonders die Götter und Göttinnen darunter. Solche
Titel begünstigen einen guten Einfall gleich besser. Ich denke
aber, wenn wir das Hundert voll machen wollen, werden wir
auch über einzelne Werke herfallen müssen, und welcher reich=
liche Stoff findet sich da! Sobald wir uns nur selbst nicht
ganz schonen, können wir Heiliges und Profanes angreifen.
Welchen Stoff bietet uns nicht die Stolbergische Sippschaft,
Macknitz, Rambohr, die metaphysische Welt, mit ihren Ichs
und Nicht=Ichs, Freund Nicolai, unser geschworner Feind, die
Leipziger Geschmacksherberge, Thümmel, Göschen als sein
Stallmeister u. dgl. dar!

Gestern empfing ich die abgedruckten Bogen von den sen=
timentalischen Dichtern, welche also auch noch in der großen
Rezension in der Litteraturzeitung mit begriffen werden
können.

Ich habe Schütz schon gesprochen, seitdem er sie gelesen, und
ob er sie gleich erbärmlich schlecht versteht, so ist er doch nicht
so sehr dadurch erschreckt worden, als ich glaubte; ich ließ ihm
merken, daß ich sein Urteil darüber gar nicht genieren wolle,
aber jeder determinierte Widerspruch gegen meine Urteile
würde mich schlechterdings zu einer Replique nötigen, bei
welcher, da ich sie mit Beweisen belegen müßte, die Autoren,

deren er sich annehmen wollte, leicht ins Gebränge kommen könnten. Er wird sie also wohl sehr leise anrühren.

Die Rezension wird sehr groß werden, da allein der poetische Teil mehr als ein ganzes Zeitungsblatt füllen soll. Auch ich arbeite einiges daran; so z. B. ist mir der Archenholzische Aufsatz im letzten Stück zur Rezension übergeben, weil Schütz sonst nicht fertig wird. Diese Rezension wird also eine rechte Harlekins=Jacke werden. Vor dem sechsten erscheint aber nichts davon.

Woltmanns Trauerspiel ist erbärmlich und in keiner Rücksicht brauchbar; ein Ding ohne Charakter, ohne Wahrscheinlichkeit, ohne alle menschliche Natur. Erträglicher noch ist die Operette, obgleich nur gegen das Trauerspiel erträglich.

Haben Sie eine Zoonomie, die Hofrat Brandis herausgegeben, gelesen? Ihre Schrift über die Metamorphose ist darin mit großer Achtung behandelt. Aber lächerlich ist's, daß, weil Ihr Name vor dem Buche steht und Sie Romane und Trauerspiele geschrieben, man schlechterdings auch daran erinnert werden muß. „Ein neuer Beweis," meint der Freund, bei dieser Gelegenheit, „wie günstig der Dichtergeist auch für wissenschaftliche Wahrheit sei."

Auf Ihre baldige Hieherkunft freue ich mich nicht wenig. Wir wollen wieder einmal alles recht durch einander bewegen. Sie bringen wohl Ihren jetzigen „Strickstrumpf," den Roman auch mit? Und dann soll es auch heißen: nulla dies sine epigrammate.

Sie sprechen von einer so großen Teurung in der Theater=Welt. Ist Ihnen nicht schon der Gedanke gekommen, ein Stück von Terenz für die neue Bühne zu versuchen? Die Adelphi hat ein gewisser Romanus schon vor 30 Jahren gut

Schiller an Goethe 61

bearbeitet, wenigstens nach Lessings Zeugnis. Es wäre doch in der That des Versuches wert. Seit einiger Zeit lese ich wieder mehr in den alten Lateinern, und der Terenz ist mir zuerst in die Hände gefallen. Ich übersetzte meiner Frau die Adelphi aus dem Stegreif, und das große Interesse, das wir daran genommen, läßt mich eine gute Wirkung erwarten. Gerade dieses Stück hat eine herrliche Wahrheit und Natur, viel Leben im Gange, schnell dezidierte und scharf bestimmte Charaktere, und durchaus einen angenehmen Humor.

Der Theater=Kalender enthält gewaltig viel Namen und blutwenig Sachen. Ich für mein Teil bin übrigens gut weg= gekommen: aber in welcher Gesellschaft erblickt man sich da! Ihnen wird ja ein Julius Cäsar großmütig zugeschrieben, den Sie dem Publikum wohl schuldig bleiben werden.

Worin schreibt aber Freund Böttiger nicht!

Leben Sie recht wohl. Meine Frau grüßt bestens.

Sch.

8.

Jena, den 18. März 1796.

Seit Ihrer Abwesenheit ist es mir noch immer ganz er= träglich gegangen, und ich will recht wohl zufrieden sein, wenn es in Weimar nur so kontinuiert. Ich habe an meinen Wallenstein gedacht, sonst aber nichts gearbeitet. Einige Xenien hoffe ich vor der merkwürdigen Konstellation noch zu stande zu bringen.

Die Zurüstungen zu einem so verwickelten Ganzen, wie ein Drama ist, setzen das Gemüt doch in eine gar sonderbare Bewegung. Schon die allererste Operation, eine gewisse Methode für das Geschäft zu suchen, um nicht zwecklos herum=

zutappen, ist keine Kleinigkeit. Jetzt bin ich erst an dem Knochengebäude, und ich finde, daß von diesem, ebenso wie in der menschlichen Struktur, auch in dieser dramatischen alles abhängt. Ich möchte wissen, wie Sie in solchen Fällen zu Werk gegangen sind. Bei mir ist die Empfindung anfangs ohne bestimmten und klaren Gegenstand; dieser bildet sich erst später. Eine gewisse musikalische Gemütsstimmung geht vorher, und auf diese folgt bei mir erst die poetische Idee.

Nach einem Brief von Charlotte Kalb hatten wir heute Herdern hier zu erwarten. Ich habe aber nichts von ihm gesehen.

Leben Sie recht wohl! Hier Cellini, der vorgestern vergessen wurde. Meine Frau grüßt bestens.

Sch.

9.

Jena, den 18. Juni 1796.

Voß ist noch nicht hier, wenigstens hab' ich noch nichts von ihm gesehen. Da ich sehr zweifle, ob Sie kommen werden, so lasse ich diesen Brief, zu dem sich eine schöne Gelegenheit darbietet, immer abgehen.

Die Idylle hat mich beim zweiten Lesen so innig, ja noch inniger als beim ersten bewegt. Gewiß gehört sie unter das Schönste was Sie gemacht haben, so voll Einfalt ist sie, bei einer unergründlichen Tiefe der Empfindung. Durch die Eilfertigkeit, welche das wartende Schiffsvolk in die Handlung bringt, wird der Schauplatz für die zwei Liebenden so enge, so drangvoll und so bedeutend der Zustand, daß dieser Moment wirklich den Gehalt eines ganzen Lebens bekommt. Es würde schwer sein einen zweiten Fall zu erdenken, wo die Blume des Dichterischen von einem Gegenstande so rein und

Schiller an Goethe.

so glücklich abgebrochen wird. Daß Sie die Eifersucht so dicht daneben stellen, und das Glück so schnell durch die Furcht wieder verschlingen lassen, weiß ich vor meinem Gefühl noch nicht ganz zu rechtfertigen, obgleich ich nichts Befriedigendes dagegen einwenden kann. Dieses fühle ich nur, daß ich die glückliche Trunkenheit, mit der Alexis das Mädchen verläßt und sich einschifft, gerne immer festhalten möchte.

Herders Buch machte mir ziemlich dieselbe Empfindung wie Ihnen, nur daß ich auch hier, wie gewöhnlich bei seinen Schriften, immer mehr von dem was ich zu besitzen glaubte, verliere, als ich an neuen Realitäten dabei gewinne. Er wirkt dadurch, daß er immer aufs Verbinden ausgeht und zusammenfaßt was andre trennen, immer mehr zerstörend als ordnend auf mich. Seine unversöhnliche Feindschaft gegen die Reime ist mir auch viel zu weit getrieben, und was er dagegen aufbringt, halte ich bei weitem nicht für bedeutend genug. Der Ursprung des Reims mag noch so gemein und unpoetisch sein; man muß sich an den Eindruck halten, den er macht, und dieser läßt sich durch kein Raisonnement wegdisputieren.

An seinen Konfessionen über die deutsche Litteratur verdrießt mich, noch außer der Kälte für das Gute, auch die sonderbare Art von Toleranz gegen das Elende; es kostet ihn ebenso= wenig mit Achtung von einem Nicolai, Eschenburg u. a. zu reden, als von dem bedeutendsten, und auf eine sonderbare Art wirft er die Stolberge und mich, Kosegarten und wie viele andere in einem Brei zusammen. Seine Verehrung gegen Kleist, Gerstenberg und Geßner—und überhaupt gegen alles Verstorbene und Vermoderte hält gleichen Schritt mit seiner Kälte gegen das Lebendige.

Sie haben unterdessen Richtern kennen lernen. Ich bin sehr begierig, wie Sie ihn gefunden haben. Charlotte Kalb ist hier, um eine Freundin zu pflegen. Sie sagt mir, daß es sich mit Iffland so gut als zerschlagen habe, und spricht überhaupt mit großer Kälte von dieser Acquisition für das Weimarsche Theater. Der Enthusiasmus für Iffland scheint sich noch einige Monate früher, als wir dachten, verloren zu haben.

Humboldt wird Ihnen nun wohl schon selbst geschrieben haben. Er ist von der Idylle ganz außerordentlich befriedigt. Auch schreibt er, daß der Cellini außerordentlich gefalle.

Die Xenien erhalten Sie auf den Montag; zur Verknüpfung der verschiedenartigen Materien sind noch manche neue nötig, wobei ich auf Ihren guten Genius meine Hoffnung setze. Die Homerischen Parodien habe ich, weil sie sich an das Ganze nicht anschließen wollen, herauswerfen müssen, und ich weiß noch nicht recht, wie ich die Totenerscheinungen werde unterbringen können. Gar zu gern hätte ich die lieblichen und gefälligen Xenien an das Ende gesetzt, denn auf den Sturm muß die Klarheit folgen. Auch mir sind einige in dieser Gattung gelungen, und wenn jeder von uns nur noch ein Dutzend in dieser Art liefert, so werden die Xenien sehr gefällig enden.

Leben Sie recht wohl. Meine Frau grüßt Sie aufs schönste. Mit ihrer Gesundheit ist es noch das Alte.

Sch.

10.

Erwarten Sie heute noch nichts Bestimmtes von mir über den Eindruck, den das achte Buch auf mich gemacht. Ich bin beunruhigt und bin befriedigt. Verlangen und Ruhe sind wunderbar vermischt. Aus der Masse der Eindrücke, die ich empfangen, ragt mir in diesem Augenblick Mignons Bild am stärksten hervor. Ob die so stark interessierte Empfindung hier noch mehr fordert, als ihr gegeben wurde, weiß ich jetzt noch nicht zu sagen. Es könnte auch zufällig sein, denn beim Aufschlagen des Manuskripts fiel mein Blick zuerst auf das Lied, und dies bewegte mich so tief, daß ich den Eindruck nachher nicht mehr auslöschen konnte.

Das Merkwürdigste an dem Totaleindruck scheint mir dieses zu sein, daß Ernst und Schmerz durchaus wie ein Schattenspiel versinken, und der leichte Humor vollkommen darüber Meister wird. Zum Teil ist mir dieses aus der leisen und leichten Behandlung erklärlich; ich glaube aber noch einen andern Grund davon in der theatralischen und romantischen Herbeiführung und Stellung der Begebenheiten zu entdecken. Das Pathetische erinnert an den Roman, alles übrige an die Wahrheit des Lebens. Die schmerzhaftesten Schläge, die das Herz bekommt, verlieren sich schnell wieder, so stark sie auch gefühlt werden, weil sie durch etwas Wunderbares herbeigeführt wurden, und deswegen schneller, als alles andere, an die Kunst erinnern. Wie es auch sei, so viel ist gewiß, daß der Ernst in dem Roman nur Spiel und das Spiel in demselben der wahre und eigentliche Ernst ist, daß der Schmerz der Schein, und die Ruhe die einzige Realität ist.

Der so weise aufgesparte Friedrich, der durch seine Turbulenz am Ende die reife Frucht vom Baume schüttelt und zusammenweht was zusammen gehört, erscheint bei der Katastrophe gerade so, wie einer, der uns aus einem bänglichen Traum durch Lachen aufweckt. Der Traum flieht zu den andern Schatten, aber sein Bild bleibt übrig, um in die Ge-

genwart einen höhern Geist, in die Ruhe und Heiterkeit einen
poetischen Gehalt, eine unendliche Tiefe zu legen. Diese
Tiefe bei einer ruhigen Fläche, die, überhaupt genommen,
Ihnen so eigentümlich ist, ist ein vorzüglicher Charakterzug
des gegenwärtigen Romans.

Aber ich will mir heute nichts mehr darüber zu sagen er=
lauben, so sehr es mich auch drängt; ich könnte Ihnen doch
jetzt nichts Reifes geben. Könnten Sie mir vielleicht das
Konzept vom siebenten Buche, wovon die Abschrift für Ungern
gemacht worden ist, schicken, so wäre mirs sehr dienlich, das
Ganze durch alle seine Details zu begleiten. Obgleich ich es
noch im frischen Gedächtnis habe, so könnte mir doch manches
kleinere Glied der Verbindung entschlüpft sein.

Wie trefflich sich dieses achte Buch an das sechste anschließt
und wie viel überhaupt durch die Antizipation des letztern
gewonnen worden ist, sehe ich klar ein. Ich möchte durchaus
keine andere Stellung der Geschichte als gerade diese. Man
kennt die Familie schon so lange, ehe sie eigentlich kommt,
man glaubt in eine ganz anfanglose Bekanntschaft zu blicken,
es ist eine Art von optischem Kunstgriff, der eine treffliche Wir=
kung macht.

Einen köstlichen Gebrauch haben Sie von des Großvaters
Sammlung zu machen gewußt; sie ist ordentlich eine mit=
spielende Person, und rückt selbst an das Lebendige.

Doch genug für heute. Auf den Sonnabend hoffe ich Ihnen
mehr zu sagen.

Hier der Rest der Xenien. Was heute folgt ist, wie Sie
sehen, noch nicht in dem gehörigen Zusammenhang, und alle
meine Versuche, die verschiedenen Gruppen zusammenzu=
bringen, sind mir mißglückt. Vielleicht helfen Sie mir aus

der Not. Es wäre gar zu schön, wenn wir diese letzte Partie recht reich ausstatten könnten.

Wenn ich den neuen Cellini in drei Wochen erhalte, so ist es gerade noch Zeit.

Leben Sie recht wohl. Herzliche Grüße von meiner Frau, die eben im Roman vertieft ist.

Vom Hesperus habe ich Ihnen noch nichts geschrieben. Ich habe ihn ziemlich gefunden, wie ich ihn erwartete; fremd, wie einer der aus dem Mond gefallen ist, voll guten Willens und herzlich geneigt die Dinge außer sich zu sehen, nur nicht mit dem Organ, womit man sieht. Doch sprach ich ihn nur einmal und kann also noch wenig von ihm sagen. Sch.

Jena, den 28. Juni 1796.

11.

Jena, den 2. Juli 1796.

Ich habe nun alle acht Bücher des Romans aufs neue, obgleich nur sehr flüchtig, durchlaufen, und schon allein die Masse ist so stark, daß ich in zwei Tagen kaum damit fertig worden bin. Billig sollte ich also heute noch nichts schreiben, denn die erstaunliche und unerhörte Mannigfaltigkeit, die darin, im eigentlichsten Sinne, versteckt ist, überwältigt mich. Ich gestehe, daß ich bis jetzt zwar die Stätigkeit, aber noch nicht die Einheit recht gefaßt habe, obwohl ich keinen Augenblick zweifle, daß ich auch über diese noch völlige Klarheit erhalten werde, wenn bei Produkten dieser Art die Stätigkeit nicht schon mehr als die halbe Einheit ist.

Da Sie, unter diesen Umständen, nicht wohl etwas ganz Genugthuendes von mir erwarten können, und doch etwas zu hören wünschen, so nehmen Sie mit einzelnen Bemerkungen vorlieb, die auch nicht ganz ohne Wert sind, da sie ein un=

mittelbares Gefühl aussprechen werden. Dafür verspreche ich Ihnen, daß diesen ganzen Monat über die Unterhaltung über den Roman nie versiegen soll. Eine würdige und wahrhaft ästhetische Schätzung des ganzen Kunstwerks ist eine große Unternehmung. Ich werde ihr die nächsten vier Monate ganz widmen, und mit Freuden. Ohnehin gehört es zu dem schönsten Glück meines Daseins, daß ich die Vollendung dieses Produkts erlebte, daß sie noch in die Periode meiner strebenden Kräfte fällt, daß ich aus dieser reinen Quelle noch schöpfen kann; und das schöne Verhältnis, das unter uns ist, macht es mir zu einer gewissen Religion, Ihre Sache hierin zu der meinigen zu machen, alles was in mir Realität ist zu dem reinsten Spiegel des Geistes auszubilden, der in dieser Hülle lebt, und so, in einem höheren Sinne des Worts, den Namen Ihres Freundes zu verdienen. Wie lebhaft habe ich bei dieser Gelegenheit erfahren, daß das Vortreffliche eine Macht ist, daß es auf selbstsüchtige Gemüter auch nur als eine Macht wirken kann, daß es dem Vortrefflichen gegenüber keine Freiheit gibt, als die Liebe.

Ich kann Ihnen nicht beschreiben, wie sehr mich die Wahrheit, das schöne Leben, die einfache Fülle dieses Werks bewegte. Die Bewegung ist zwar noch unruhiger als sie sein wird, wenn ich mich desselben ganz bemächtigt habe, und das wird dann eine wichtige Krise meines Geistes sein; sie ist aber doch der Effekt des Schönen, nur des Schönen, und die Unruhe rührt bloß davon her, weil der Verstand die Empfindung noch nicht hat einholen können. Ich verstehe Sie nun ganz, wenn Sie sagten, daß es eigentlich das Schöne, das Wahre sei, was Sie, oft bis zu Thränen, rühren können. Ruhig und tief, klar und doch unbegreiflich wie die Natur, so wirkt es und so steht es da, und alles, auch das kleinste Nebenwerk, zeigt die schöne Gleichheit des Gemüts, aus welchem alles geflossen ist.

Aber ich kann diesen Eindrücken noch keine Sprache geben, auch will ich jetzt nur bei dem achten Buche stehen bleiben. Wie ist es Ihnen gelungen, den großen soweit auseinander geworfenen Kreis und Schauplatz von Personen und Begebenheiten wieder so eng zusammen zu rücken! Es steht da wie ein schönes Planetensystem; alles gehört zusammen, und nur die italienischen Figuren knüpfen, wie Kometengestalten, und auch so schauerlich wie diese, das System an ein entferntes und größeres an. Auch laufen alle diese Gestalten, so wie auch Marianne und Aurelie, völlig wieder aus dem Systeme heraus, und lösen sich als fremdartige Wesen davon ab, nachdem sie bloß dazu gedient haben, eine poetische Bewegung darin hervorzubringen. Wie schön gedacht ist es, daß Sie das praktisch Ungeheure, das furchtbar Pathetische im Schicksal Mignons und des Harfenspielers von dem theoretisch Ungeheuern, von den Mißgeburten des Verstandes ableiten, so daß der reinen und gesunden Natur nichts dadurch aufgebürdet wird. Nur im Schoß des dummen Aberglaubens werden diese monstrosen Schicksale ausgeheckt, die Mignon und den Harfenspieler verfolgen. Selbst Aurelie wird nur durch ihre Unnatur, durch ihre Mannweiblichkeit zerstört. Gegen Mariannen allein möchte ich Sie eines poetischen Eigennutzes beschuldigen. Fast möchte ich sagen, daß sie dem Roman zum Opfer geworden, da sie der Natur nach zu retten war. Um sie werden daher immer noch bittere Thränen fließen, wenn man sich bei den drei andern gern von dem Individuum ab zu der Idee des Ganzen wendet.

Wilhelms Verirrung zu Theresen ist trefflich gedacht, motiviert, behandelt und noch trefflicher benutzt. Manchen Leser wird sie anfangs recht erschrecken, denn Theresen verspreche ich wenig Gönner; desto schöner reißen Sie ihn aber aus seiner Unruhe. Ich wüßte nicht, wie dieses falsche Verhältnis zärter, feiner, edler hätte gelöst werden können. Wie würden sich die Richardsons und alle andere gefallen haben, eine Szene daraus zu machen, und über dem Auskramen von delikaten Sentiments recht undelikat gewesen sein. Nur ein kleines Bedenken hab' ich dabei: Theresens mutige und entschlossene Widersetzlichkeit gegen die Partei, welche ihr ihren Bräutigam rauben will, selbst bei der erneuerten Möglichkeit Lotharn zu besitzen, ist ganz in der Natur und trefflich; auch daß Wilhelm einen tiefen Unwillen und einen gewissen Schmerz über die Neckerei der Menschen und des Schicksals zeigt, finde ich sehr gegründet—nur, däucht mir, sollte er den Verlust eines Glücks weniger tief beklagen, das schon angefangen hatte keines mehr für ihn zu sein. In Nataliens Nähe müßte ihm, scheint mir, seine wieder erlangte Freiheit ein höheres Gut sein, als er zeigt. Ich fühle wohl die Komplikation dieses Zustandes und was die Delikatesse forderte, aber au der andern Seite beleidigt es einigermaßen die Delikatesse gegen Natalien, daß er noch im stande ist, ihr gegenüber den Verlust einer Therese zu beklagen.

Eins, was ich in der Verknüpfung der Begebenheiten auch besonders bewundere, ist der große Vorteil, den Sie von jenem falschen Verhältnis Wilhelms zu Theresen zu ziehen gewußt haben, um das wahre und gewünschte Ziel, Nataliens und Wilhelms Verbindung, zu beschleunigen. Auf keinem anderen Wege hätte dies so schön und natürlich geschehen können, als gerade auf dem eingeschlagenen, der davon zu entfernen drohte. Jetzt kann es mit höchster Unschuld und Reinheit ausgesprochen werden, daß Wilhelm und Natalie für einander gehören, und die Briefe Theresens an Natalien leiten es auf das schönste ein. Solche Erfindungen sind von der ersten Schönheit, denn sie vereinigen alles was nur gewünscht werden kann, ja was ganz unvereinbar scheint; sie verwickeln und enthalten schon die Auflösung in sich, sie beunruhigen und führen zur Ruhe, sie erreichen das Ziel, indem sie davon mit Gewalt zu entfernen scheinen.

Mignons Tod, so vorbereitet er ist, wirkt sehr gewaltig und tief, ja so tief, daß es manchen vorkommen wird, Sie verlassen denselben zu schnell. Dies war beim ersten Lesen meine sehr stark markierte Empfindung; beim zweiten, wo die Überraschung nicht mehr war, empfand ich es weniger, fürchte aber doch, daß Sie hier um eines Haares Breite zu weit gegangen sein möchten. Mignon hat gerade vor dieser Katastrophe angefangen weiblicher, weicher zu erscheinen und dadurch mehr durch sich selbst zu interessieren; die abstoßende Fremdartigkeit dieser Natur hatte nachgelassen, mit der nachlassenden Kraft hatte sich jene Heftigkeit in etwas verloren, die von ihr zurückschreckte. Besonders schmelzte das letzte Lied das Herz zu der tiefsten Rührung. Es fällt daher auf, wenn unmittelbar nach dem angreifenden Auftritt ihres Todes der Arzt eine Spekulation auf ihren Leichnam macht, und dies lebendige Wesen, die Person so schnell vergessen kann, um sie nur als das Werkzeug eines artistischen Versuches zu betrachten; ebenso fällt es auf, daß Wilhelm, der doch die Ursache ihres Todes ist, und es auch weiß, in diesem Augenblick für jene Instrumententasche Augen hat, und in Erinnerung vergangener Szenen sich verlieren kann, da die Gegenwart ihn doch so ganz besitzen sollte.

Sollten Sie in diesem Falle auch vor der Natur ganz recht behalten, so zweifle ich, ob Sie auch gegen die „sentimentalischen" Forderungen der Leser es behalten werden, und deswegen möchte ich Ihnen raten—um die Aufnahme einer an sich so herrlich vorbereiteten und durchgeführten Szene bei dem Leser durch nichts zu stören—einige Rücksicht darauf zu nehmen.

Sonst finde ich alles was Sie mit Mignon, lebend und tot, vornehmen, ganz außerordentlich schön. Besonders qualifiziert sich dieses reine und poetische Wesen so trefflich zu diesem poetischen Leichenbegängnis. In seiner isolierten Gestalt, seiner geheimnisvollen Existenz, seiner Reinheit und Unschuld repräsentiert es die Stufe des Alters auf der es steht so rein, es kann zu der reinsten Wehmut und zu einer wahren menschlichen Trauer bewegen, weil sie nichts als die Menschheit in ihm darstellte. Was bei jedem anderen Individuum unstatthaft, ja in gewissem Sinne empörend sein würde, wird hier erhaben und edel.

Gerne hätte ich die Erscheinung des Markese in der Familie noch durch etwas anders als durch seine Kunstliebhaberei motiviert gesehen. Er ist gar zu unentbehrlich zur Entwicklung, und die Notdurft seiner Dazwischenkunft könnte leicht stärker als die innere Notwendigkeit derselben in die Augen fallen. Sie haben durch die Organisation des übrigen Ganzen den Leser selbst verwöhnt, und ihn zu strengeren Forderungen berechtigt, als man bei Romanen gewöhnlich mitbringen darf. Wäre nicht aus diesem Markese eine alte Bekanntschaft des Lothario oder des Oheims zu machen und seine Herreise selbst mehr ins Ganze zu verflechten?

Die Katastrophe so wie die ganze Geschichte des Harfen=
spielers erregt das höchste Interesse. Wie vortrefflich ich es
finde, daß Sie diese ungeheuern Schicksale von frommen
Fratzen ableiten, habe ich oben schon erwähnt. Der Einfall
des Beichtvaters, eine leichte Schuld ins Ungeheure zu malen,
um ein schweres Verbrechen, das er aus Menschlichkeit ver=
schweigt, dadurch abbüßen zu lassen, ist himmlisch in seiner
Art, und ein würdiger Repräsentant dieser ganzen Denkungs=
weise. Vielleicht werden Sie Speratens Geschichte noch ein
klein wenig ins kürzere ziehen, da sie in den Schluß fällt, wo
man ungeduldiger zum Ziele eilt.

Daß der Harfner der Vater Mignons ist, und daß Sie
selbst dieses eigentlich nicht aussprechen, es dem Leser gar nicht
hinschieben, macht nur desto mehr Effekt. Man macht diese
Betrachtung nun selbst, erinnert sich, wie nahe sich diese zwei
geheimnisvollen Naturen lebten, und blickt in eine unergründ=
liche Tiefe des Schicksals hinab.

Aber nichts mehr für heute. Meine Frau legt noch ein
Brieflein bei und sagt Ihnen ihre Empfindungen bei dem
achten Buche.

Leben Sie jetzt wohl, mein geliebter, mein verehrter Freund!
Wie rührt es mich, wenn ich denke, daß was wir sonst in der
weiten Ferne eines begünstigten Altertums suchen und kaum
finden, mir in Ihnen so nahe ist. Wundern Sie sich nicht
mehr, wenn es so wenige gibt, die Sie zu verstehen fähig und
würdig sind. Die bewundernswürdige Natur, Wahrheit und
Leichtigkeit Ihrer Schilderungen entfernt bei dem gemeinen
Volk der Beurteiler allen Gedanken an die Schwierigkeit, an
die Größe der Kunst, und bei denen die dem Künstler zu folgen
im stande sein könnten, die auf die Mittel wodurch er wirkt

aufmerksam sind, wirkt die genialische Kraft, welche sie hier handeln sehen, so feindlich und vernichtend, bringt ihr bedürftiges Selbst so sehr ins Gedränge, daß sie es mit Gewalt von sich stoßen, aber im Herzen und nur de mauvaise grace Ihnen gewiß am lebhaftesten huldigen.   Sch.

12.

Jena, den 31. Juli 1796

Sie können sich von den Xenien nicht ungerner trennen, als ich selbst. Außer der Neuheit und interessanten Eigentümlichkeit der Idee ist der Gedanke, ein gewisses Ganzes in Gemeinschaft mit Ihnen auszuführen, so reizend für mich gewesen. Aber sei'n Sie versichert, daß ich die Idee nicht meiner Konvenienz aufgeopfert habe. Zu einem Ganzen, sowie es auch von dem liberalsten Leser gefordert werden konnte, fehlte noch unübersehlich viel; eine mühsame Redaktion hat mich mit diesem Mangel gar sehr bekannt gemacht. Selbst wenn wir die zwei Monate ausschließend dazu hätten widmen können, würde weder der satyrische noch der andere Teil die nötige Vollständigkeit erlangt haben. Das ganze Werk ein Jahr länger liegen zu lassen, erlaubte weder das Bedürfnis des Almanachs, noch wäre es wegen der vielen Anspielungen auf das Neueste in der Litteratur, welches nach einem Jahre sein Interesse verliert, zu wagen gewesen; und was dieser Rücksichten mehr sind, die ich Ihnen mündlich anführen will. Uebrigens ist uns diese Idee und Form noch gar nicht verloren, denn es ist noch so erstaunlich viel Stoff zurück, daß dasjenige, was wir aus dem alten noch etwa dazu nehmen, darin verschwinden wird.

Ihren Namen nenne ich sparsam. Selbst bei denjenigen

politischen, welche niemanden angreifen, und vor welchen man sich gefreut haben würde, ihn zu finden, habe ich ihn weggelassen, weil man diese mit den andern, auf Reichardt gehenden, in Verbindung vermuten könnte. Stolberg kann nicht geschont werden, und das wollen Sie wohl selbst nicht, und Schlosser wird nie genauer bezeichnet, als eine allgemeine Satyre auf die Frommen erfordert. Außerdem kommen diese Hiebe auf die Stolbergsche Sekte in einer Verbindung vor, daß jeder mich als den Urheber sogleich erkennen muß; ich bin mit Stolberg in einer gerechten Fehde und habe keine Schonung nötig. Wieland soll mit der zierlichen Jungfrau in Weimar wegkommen, worüber er sich nicht beklagen kann. Übrigens erscheinen diese Odiosa erst in der zweiten Hälfte des Almanachs, so daß Sie bei Ihrem Hiersein noch herauswerfen können, was Ihnen gut dünkt. Um Iffland nicht weh zu thun, will ich in dem Dialog mit Shakespeare lauter Schrödersche und Kotzebuesche Stücke bezeichnen. Sie sind wohl so gütig und lassen mir vom Spiritus das Personal aus fünf oder sechs Kotzebueschen Stücken abschreiben, daß ich darauf anspielen kann.

Der Cellini pressiert diesmal nicht; denn leider kann ich schon mehrere Posttage nichts mehr an Cotta bringen; die Post nimmt nichts nach Stuttgart und Tübingen an. Auch die letzte Lieferung des Cellini liegt noch da, die für das achte Stück bestimmt ist, und Cotta kann das Manuskript zu dem siebenten, welches bei der Einnahme von Stuttgart noch unterwegs war, nicht empfangen haben.

Aus Schwaben sind seit acht Tagen keine Nachrichten mehr angelangt; ich weiß nicht wie es um meine Familie steht, noch wo sie sich jetzt aufhält.

Aus Koburg wird heute geschrieben, daß die Franzosen in wenig Tagen darin einrücken würden, daß aber niemand etwas fürchte. Der allerfurchtsamste Hypochondrist von der Welt, Herr Heß, schreibt dieses an seine Frau, die hier ist; es muß also wohl wahr sein.

Es ist gut, wenn man den Jenensern Zeit läßt, ihre Furcht vor den Franzosen los zu werden, ehe man ihnen die Komödie zeigt. Es gibt gar gewissenhafte Leute hier, die bei einer so großen öffentlichen Kalamität ein Vergnügen für unschicklich halten.

Da, wie ich höre, das Mannheimer Theater auf ein Jahr suspendiert ist, so werden Sie Iffland wohl wieder in Weimar haben können. Es wäre zu wünschen, daß sich das Weimarsche Theater bei dieser Gelegenheit mit einer Schauspielerin rekrutieren könnte.

Bei mir ist alles wohl auf, und der Kleine gewöhnt sich nach und nach. Meine Frau grüßt Sie bestens.

Leben Sie recht wohl. Ich freue mich, wenn Sie wieder hier sind, auch von den naturhistorischen Sachen wieder zu hören.

Sch.

13.

Nach langem Hin- und Herüberschwanken kommt jedes Ding doch endlich in seine wagerechte Lage. Die erste Idee der Xenien war eigentlich eine fröhliche Posse, ein Schabernack, auf den Moment berechnet, und war auch so ganz recht. Nachher regte sich ein gewisser Überfluß, und der Trieb zersprengte das Gefäß. Nun habe ich aber, nach nochmaligem Beschlafen der Sache, die natürlichste Auskunft von der Welt gefunden,

Ihre Wünsche und die Konvenienz des Almanachs zugleich zu befriedigen.

Was eigentlich den Anspruch auf eine gewisse Universalität erregte und mich bei der Redaktion in die große Verlegenheit brachte, waren die philosophischen und rein poetischen, kurz die unschuldigen Xenien; also eben die, welche in der ersten Idee auch nicht gewesen waren. Wenn wir diese in dem vordern und gesetzten Teile des Almanachs, unter den andern Gedichten bringen, die lustigen hingegen unter dem Namen Xenien und als ein eigenes Ganzes, wie voriges Jahr die Epigramme, dem ersten Teil anschließen, so ist geholfen. Auf einem Haufen beisammen und mit keinen ernsthaften untermischt, verlieren sie sehr vieles von ihrer Bitterkeit, der allgemein herrschende Humor entschuldigt jedes einzelne, so wie Sie neulich schon bemerkten, und zugleich stellen sie wirklich ein gewisses Ganzes vor. Auch die Hiebe auf Reichardt wollen wir unter dem Haufen zerstreuen, und nicht, wie erst geschehen war, an die Spitze stellen. Von der einen Seite war die Ehre und von der andern die Beleidigung zu groß, die wir ihm durch diese Auszeichnung anthaten. Und so wären also die Xenien (wenn Sie meinen Gedanken gut heißen, wie ich denke) zu ihrer ersten Natur zurückgekehrt, und wir hätten doch auch zugleich nicht Ursache, die Abweichung von jener zu bereuen, weil sie uns manches Gute und Schöne hat finden lassen.

Und da nach dem neuen Plane diejenigen politischen Xenien von Ihnen, welche bloß Lehren enthalten und gar niemand treffen, von den satyrischen ganz getrennt sind, so habe ich unter jene Ihren Namen gesetzt. Er gehört davor, weil sich diese Konfessionen an die Epigramme vom vorigen Jahr und selbst an den Meister anschließen, und, in Form und Inhalt, unverkennbar Ihren Stempel tragen.

Ich habe heute wieder keine Nachricht aus Schwaben erhalten; es scheint, daß wir ganz abgeschnitten sind. Hr. v. Funk, der mir heute schrieb, hat aus Artern, seinem gewöhnlichen Quartier, in die Gegend von Langensalza vorrücken müssen. Doch muß man dort nicht viel fürchten, denn er hält diese Stellung für unnütz.

Leben Sie recht wohl.   Sch.

Jena, den 1. August 1796.

14.

Jena, den 18. November 1796.

In Kopenhagen ist man auf die Xenien ganz grimmig, wie mir die Schimmelmann heute schreibt, die zwar eine liberale Sentimentalität hat und—wenn sie nur könnte, gerne gerecht gegen uns wäre. Daran dürfen wir überhaupt gar nicht denken, daß man unser Produkt seiner Natur nach würdigt; die es am besten mit uns meinen, bringen es nur zur Toleranz.

Mir wird bei allen Urteilen dieser Art, die ich noch gehört, die miserable Rolle des Verführten zu teil; Sie haben doch noch den Trost des Verführers.

Es ist zwar sehr gut, und für mich besonders, jetzt etwas Bedeutendes und Ernsthaftes ins Publikum zu bringen; aber wenn ich bedenke, daß das Größeste und Höchste, selbst für sentimentalische Leser, von Ihnen geleistet, noch ganz neuerdings im Meister und selbst im Almanach von Ihnen geleistet worden ist, ohne daß das Publikum seiner Empfindlichkeit über kleine Angriffe Herr werden könnte, so hoffe ich in der That kaum, es jemals, durch etwas in meiner Art Gutes und Vollendetes, zu einem bessern Willen zu bringen. Ihnen wird man Ihre Wahrheit, Ihre tiefe Natur nie verzeihen, und mir, wenn ich hier von mir reden darf, wird der starke Gegensatz meiner Natur gegen die Zeit und gegen die Masse das Publikum nie zum Freund machen können. Es ist nur gut, daß dies auch sogar notwendig nicht ist, um mich in Thätigkeit zu setzen und zu erhalten. Ihnen kann es vollends gleichgültig sein, und jetzt besonders, da trotz alles Geschwätzes der Geschmack der Bessern ganz offenbar eine solche Richtung nimmt, die zu der vollkommensten Anerkennung Ihres Verdienstes führen muß.

Hier lege ich Ihnen einen weitläufigen Brief von Körner über Meister bei, der sehr viel Schönes und Gutes enthält. Sie senden ihn mir wohl gleich durch das Botenmädchen wieder, da ich ihn gerne kopieren lassen und für das zwölfte Stück der Horen brauchen möchte, wenn Sie nichts dagegen haben.

Von dem Almanach lasse ich nur fünfhundert Exemplare, aber auf lauter gutem Papier auflegen. Größer durfte ich die Auflage nicht wohl machen, da die Gründe für dieselbe nur von dem Absatz in Leipzig hergenommen worden, der Absatz im übrigen Deutschland aber noch problematisch ist, weil wir nicht wissen, ob von den versendeten Exemplarien nicht viel retournieren. Werden indessen von der neuen Auflage nur zweihundert Exemplare verkauft, so ist sie bezahlt, welches ich jetzt, da alles durch meine Hände gegangen, bei Heller und Pfennig berechnen kann.

An den Almanach für das nächste Jahr wage ich jetzt

noch gar nicht zu denken, und alle meine Hoffnung ist nach
Ihnen gewendet. Denn das sehe ich nun ein, daß der Wal=
lenstein mir den ganzen Winter und wohl fast den ganzen
Sommer kosten kann, weil ich den widerspenstigsten Stoff zu
behandeln habe, dem ich nur durch ein heroisches Ausharren
etwas abgewinnen kann. Da mir außerdem noch so manche,
selbst der gemeinsten Mittel fehlen, wodurch man sich das
Leben und die Menschen näher bringt, aus seinem engen
Dasein heraus und auf eine größere Bühne tritt, so muß ich
ie ein Tier, dem gewisse Organe fehlen, mit denen, die ich
habe, mehr thun lernen, und die Hände gleichsam mit den
Füßen ersetzen. In der That verliere ich darüber eine un=
sägliche Kraft und Zeit, daß ich die Schranke meiner zufälligen
Lage überwinde und mir einige Werkzeuge zubereite, um einen
so fremden Gegenstand, als mir die lebendige und besonders
die politische Welt ist, zu ergreifen. Recht ungeduldig bin ich,
mit einer tragischen Fabel von Wallenstein nur erst soweit zu
kommen, daß ich ihrer Qualifikation zur Tragödie vollkommen
gewiß bin, denn wenn ich es anders fände, so würde ich zwar
die Arbeit nicht ganz aufgeben, weil ich immer schon so viel
daran gebildet habe, um ein würdiges dramatisches Tableau
daraus zu machen, aber ich würde doch die Malteser noch
vorher ausarbeiten, die bei einer viel einfacheren Organisation
entschieden zur Tragödie qualifiziert sind.

Leben Sie aufs beste wohl; wir sehnen uns alle recht
herzlich, Sie zu sehen.

Mein Schwager hat, wie ich höre, wegen Henderichs Stelle
an den Herzog von Weimar geschrieben; ich wünschte es
herzlich, daß er seinen Wunsch erreichte, zweifle aber sehr
daran, ob ich gleich überzeugt bin, daß er in Weimar auf
manche Art brauchbar sein würde.

Schiller an Goethe.

Anbei erhalten Sie Kupferplatte von Bolt, nebst Papier zu Abdrücken.

Sch.

15.

(16. December.)

Der Dezember geht nach und nach vorbei und Sie kommen nicht. Ich fürchte bald, daß wir einander vor dem siebenundneunzigsten Jahr nicht wieder sehen werden. Mich freut übrigens zu hören, daß Sie die Optika ernstlich vorgenommen; denn mir deucht, man kann diesen Triumph über die Widersacher nicht frühe genug beschleunigen. Für mich selbst ist es mir angenehm, durch Ihre Ausführung in dieser Materie klar zu werden.

Meine Arbeit rückt mit lebhaftem Schritt weiter. Es ist mir nicht möglich gewesen, so lange wie ich anfangs wollte, die Vorbereitung und den Plan von der Ausführung zu trennen. Sobald die festen Punkte einmal gegeben waren, und ich überhaupt nur einen sichern Blick durch das Ganze bekommen, habe ich mich gehen lassen, und so wurden, ohne daß ich es eigentlich zur Absicht hatte, viele Scenen im ersten Akt gleich ausgeführt. Meine Anschauung wird mit jedem Tage lebendiger und eins bringt das andere herbei.

Gegen den Dreikönigs-Tag, denke ich, soll der erste Akt, der auch bei weitem der längste wird, so weit fertig sein, daß Sie ihn lesen können. Denn ehe ich mich weiter hinein wage, möchte ich gerne wissen, ob es der gute Geist ist, der mich leitet. Ein böser ist es nicht, das weiß ich wohl gewiß, aber es giebt so viele Stufen zwischen beiden.

Ich bin, nach reifer Überlegung, bei der lieben Prosa geblieben, die diesem Stoff auch viel mehr zusagt.

Hier die noch restierenden Horenstücke; das bezeichnete bitte an Herrn v. Knebel abgeben zu lassen.

Leben Sie aufs beste wohl. Bei uns ist alles ziemlich gesund. Sch.

16.

Jena, den 24. Januar 1797.

Nur zwei Worte für heute. Ich hoffte, nach Ihrem letzten Brief, Sie schon seit etlichen Tagen hier zu sehen. Die paar heitern Tage haben mich auch wieder an die Luft gelockt und mir wohlgethan. Mit der Arbeit geht's aber jetzt langsam, weil ich gerade in der schwersten Krise bin. Das seh' ich jetzt klar, daß ich Ihnen nicht eher etwas zeigen kann, als bis ich über alles mit mir selbst im reinen bin. Mit mir selbst können Sie mich nicht einig machen, aber mein Selbst sollen Sie mir helfen mit dem Objekte übereinstimmend zu machen. Was ich Ihnen also vorlege, muß schon mein Ganzes sein; ich meine just nicht mein ganzes Stück, sondern meine ganze Idee davon. Der radikale Unterschied unserer Naturen, in Rücksicht auf die Art, läßt überhaupt keine andere, recht wohlthätige Mitteilung zu, als wenn das Ganze sich dem Ganzen gegenüberstellt; im Einzelnen werde ich Sie zwar nicht irre machen können, weil Sie fester auf sich selbst ruhen als ich, aber Sie würden mich leicht über den Haufen rennen können. Doch davon mündlich weiter.

Kommen Sie ja recht bald. Ich lege hier das Neueste von Cellini bei, das neulich vergessen wurde.

Leben Sie wohl. Sch.

17.

Aus der bisherigen Abwechslung und Geselligkeit bin ich

auf einmal in die größte Einsamkeit versetzt und auf mich selbst zurückgeführt. Außer Ihnen und Humboldt hat mich auch alle weibliche Gesellschaft verlassen, und ich wende diese Stille dazu an, über meine tragisch-dramatischen Pflichten nachzudenken. Nebenher entwerfe ich ein detailliertes Scenarium des ganzen Wallensteins, um mir die Übersicht der Momente und des Zusammenhangs auch durch die Augen mechanisch zu erleichtern.

Ich finde, jemehr ich über mein eigenes Geschäft und über die Behandlungsart der Tragödie bei den Griechen nachdenke, daß der ganze Cardo rei in der Kunst liegt, eine poetische Fabel zu erfinden. Der Neuere schlägt sich mühselig und ängstlich mit Zufälligkeiten und Nebendingen herum, und über dem Bestreben der Wirklichkeit recht nahe zu kommen, beladet er sich mit dem Leeren und Unbedeutenden, und darüber läuft er Gefahr, die tiefliegende Wahrheit zu verlieren, worin eigentlich alles Poetische liegt. Er möchte gern einen wirklichen Fall vollkommen nachahmen, und bedenkt nicht, daß eine poetische Darstellung mit der Wirklichkeit eben darum, weil sie absolut wahr ist, niemals koincidieren kann.

Ich habe diese Tage den Philoktet und die Trachinierinnen gelesen, und die letztern mit besonders großem Wohlgefallen. Wie trefflich ist der ganze Umstand, das Empfinden, die Existenz der Dejanira gefaßt! wie ganz ist sie die Hausfrau des Herkules, wie individuell, wie nur für diesen einzigen Fall passend ist dies Gemälde, und doch wie tief menschlich, wie ewig wahr und allgemein! Auch im Philoktet ist alles aus der Lage geschöpft, was sich nur daraus schöpfen ließ, und bei dieser Eigentümlichkeit des Falles ruht doch alles wieder auf dem natürlichen Grund der menschlichen Natur.

Es ist mir aufgefallen, daß die Charaktere des griechischen Trauerspiels mehr oder weniger idealische Masken und keine eigentlichen Individuen sind, wie ich sie in Shakespeare und auch in Ihren Stücken finde. So ist z. B. Ulysses im Ajax und im Philoktet offenbar nur das Ideal der listigen, über ihre Mittel nie verlegenen, engherzigen Klugheit; so ist Kreon im Oedip und in der Antigone bloß die kalte Königswürde. Man kommt mit solchen Charakteren in der Tragödie offenbar viel besser aus, sie exponieren sich geschwinder, und ihre Züge sind permanenter und fester. Die Wahrheit leidet dadurch nichts, weil sie bloßen logischen Wesen ebenso entgegengesetzt sind als bloßen Individuen.

Ich sende Ihnen hier, pour la bonne bouche, ein allerliebstes Fragment aus dem Aristophanes, welches mir Humboldt dagelassen hat. Es ist köstlich, ich wünschte den Rest auch zu haben.

Dieser Tage bin ich mit einem großen prächtigen Pergamentbogen aus Stockholm überrascht worden. Ich glaubte, wie ich das Diplom mit einem großen wächsernen Siegel aufschlug, es müßte wenigstens eine Pension herausspringen, am Ende war's aber bloß ein Diplom der Akademie der Wissenschaften. Indessen freut es immer, wenn man seine Wurzeln ausdehnt und seine Existenz in andere eingreifen sieht.

Ich hoffe bald ein neues Stück Cellini von Ihnen zu erhalten.

Leben Sie recht wohl, mein teurer, mir immer teurerer Freund; mich umgeben noch immer die schönen Geister, die Sie mir hier gelassen haben, und ich hoffe immer vertrauter damit zu werden. Leben Sie recht wohl. Sch.

Jena, den 4. April 1797.

18.

Jena, den 7. April 1797

Unter einigen kabbalistischen und astrologischen Werken, die ich mir aus der hiesigen Bibliothek habe geben lassen, habe ich auch einen Dialogen über die Liebe, aus dem Hebräischen ins Lateinische übersetzt, gefunden, der mich nicht nur sehr belustigt, sondern auch in meinen astrologischen Kenntnissen viel weiter gefördert hat. Die Vermischung der chemischen, mythologischen und astronomischen Dinge ist hier recht ins große getrieben und liegt wirklich zum poetischen Gebrauche da. Einige verwundersam sinnreiche Vergleichungen der Planeten mit menschlichen Gliedmaßen lasse ich Ihnen herausschreiben. Man hat von dieser barocken Vorstellungsart keinen Begriff, bis man die Leute selbst hört. Indessen bin ich nicht ohne Hoffnung, diesem astrologischen Stoff eine poetische Dignität zu geben.

Ueber die letzthin berührte Materie von Behandlung der Charaktere freue ich mich, wenn wir wieder zusammenkommen, meine Begriffe mit Ihrer Hülfe noch recht ins Klare zu bringen. Die Sache ruht auf dem innersten Grunde der Kunst, und sicherlich können die Wahrnehmungen, welche man von den bildenden Künsten hernimmt, auch in der Poesie viel aufklären. Auch bei Shakespeare ist es mir heute, wie ich den Julius Cäsar mit Schlegeln durchging, recht merkwürdig gewesen, wie er das gemeine Volk mit einer so ungemeinen Großheit behandelt. Hier, bei der Darstellung des Volkscharakters, zwang ihn schon der Stoff, mehr ein poetisches Abstraktum als Individuen im Auge zu haben, und darum finde ich ihn hier den Griechen äußerst nah. Wenn man einen

zu ängstlichen Begriff von Nachahmung des Wirklichen zu einer
solchen Scene mitbringt, so muß einen die Masse und Menge
mit ihrer Bedeutungslosigkeit nicht wenig embarrassieren;
aber mit einem kühnen Griff nimmt Shakespeare ein paar
Figuren, ich möchte sagen, nur ein paar Stimmen aus der
Masse heraus, läßt sie für das ganze Volk gelten, und sie
gelten das wirklich; so glücklich hat er gewählt.

Es geschähe den Poeten und Künstlern schon dadurch ein
großer Dienst, wenn man nur erst ins Klare gebracht hätte,
was die Kunst von der Wirklichkeit wegnehmen oder fallen
lassen muß. Das Terrain würde lichter und reiner, das
Kleine und Unbedeutende verschwände und für das Große
würde Platz. Schon in der Behandlung der Geschichte ist
dieser Punkt von der größten Wichtigkeit, und ich weiß, wie
viel der unbestimmte Begriff darüber mir schon zu schaffen
gemacht hat.

Vom Cellini sehne ich mich bald was zu bekommen, wo=
möglich für das Aprilstück noch, wozu ich es freilich zwischen
heut und Mittwoch Abend in Händen haben müßte.

Leben Sie recht wohl. Die Frau grüßt aufs beste. Ich
habe heute einen großen Posttag, sonst würde mehreres
schreiben.

Sch.

19.

Jena. 24. April 1797.

Was Sie den besten dramatischen Stoff nennen (wo näm=
lich die Exposition schon ein Teil der Entwicklung ist), das
ist z. B. in den Zwillingen des Shakespeare geleistet. Ein
ähnliches Beispiel von der Tragödie ist mir nicht bekannt,
obgleich der Oedipus rex sich diesem Ideal ganz erstaunlich

Schiller an Goethe.

nähert. Aber ich kann mir solche dramatische Stoffe recht wohl denken, wo die Exposition gleich auch Fortschritt der Handlung ist. Gleich der Macbeth gehört darunter, ich kann auch die Räuber nennen.

Dem Epiker möchte ich eine Exposition gar nicht einmal zugeben, wenigstens nicht in dem Sinne, wie die des Dramatikers ist. Da er uns nicht so auf das Ende zutreibt, wie dieser, so rücken Anfang und Ende in ihrer Dignität und Bedeutung weit näher an einander, und nicht weil sie zu etwas führt, sondern weil sie selber etwas ist, muß die Exposition uns interessieren. Ich glaube, daß man dem dramatischen Dichter hierin weit mehr nachsehen muß; eben weil er seinen Zweck in die Folge und an das Ende setzt, so darf man ihm erlauben, den Anfang mehr als Mittel zu behandeln. Er steht unter der Kategorie der Kausalität, der Epiker unter der Substantialität; dort kann und darf etwas als Ursache von was Anderem dasein, hier muß alles sich selbst um seiner selbst willen geltend machen.

Morgen endlich hoffe ich, meinen Garten zu beziehen. Der Kleine hat sich wieder ganz erholt, und die Krankheit, scheint es, hat seine Gesundheit noch mehr befestigt.

Humboldt ist heute fort; ich sehe ihn mehrere Jahre nicht wieder, und überhaupt läßt sich nicht erwarten, daß wir einander noch einmal so wiedersehen, wie wir uns jetzt verlassen. Das ist also wieder ein Verhältnis, das als beschlossen zu betrachten ist und nicht mehr wiederkommen kann; denn zwei Jahre, so ungleich verlebt, werden gar viel an uns und also auch zwischen uns verändern.

Sch.

20.

Jena, den 25. April 1797.

Daß die Forderung des Retardierens aus einem höhern epischen Gesetze erfolgt, dem auch noch wohl auf einem andern Wege Genüge geschehen kann, scheint mir außer Zweifel zu sein. Auch glaube ich, es giebt zweierlei Arten zu retardieren, die eine liegt in der Art des Wegs, die andere in der Art des Gehens, und diese, deucht mir, kann auch bei dem geradesten Wege und folglich auch bei einem Plan, wie der Ihrige ist, sehr gut stattfinden.

Indessen möchte ich jenes höhere epische Gesetz doch nicht ganz so aussprechen, wie Sie gethan haben. In der Formel: daß eigentlich nur das Wie und nicht das Was in Betrachtung komme ꝛc., dünkt es mir viel zu allgemein und auf alle pragmatischen Dichtungsarten ohne Unterschied anwendbar zu sein. Wenn ich meinen Gedanken darüber kurz heraussagen will, so ist er dieser. Beide, der Epiker und Dramatiker, stellen uns eine Handlung dar, nur daß diese bei dem Letztern der Zweck, bei Ersterem bloßes Mittel zu einem absoluten ästhetischen Zwecke ist. Aus diesem Grundsatz kann ich mir vollständig erklären, warum der tragische Dichter rascher und direkter fortschreiten muß, warum der epische bei einem zögernden Gange seine Rechnung besser findet. Es folgt auch, wie mir deucht, daraus, daß der epische sich solcher Stoffe wohl thut zu enthalten, die den Affekt, sei es der Neugierde oder der Teilnahme, schon für sich selbst stark erregen, wobei also die Handlung zu sehr als Zweck interessiert, um sich in den Grenzen eines bloßen Mittels zu halten. Ich gestehe, daß ich dieses letztere bei Ihrem neuen Gedicht einigermaßen fürchte, obgleich

ich Ihrer poetischen Übermacht über den Stoff das Mögliche zutrauen darf.

Die Art, wie Sie Ihre Handlung e n t w i c k e l n wollen, scheint mir mehr der Komödie als dem Epos eigen zu sein. Wenigstens werden Sie viel zu thun haben, ihr das Überraschende, Verwunderung Erregende zu nehmen, weil dieses nicht so recht episch ist.

Ich erwarte Ihren Plan mit großer Begierde. Etwas bedenklich kommt es mir vor, daß es Humboldten damit auf dieselbe Art ergangen ist, wie mir, ungeachtet wir nicht vorher darüber kommuniziert haben. Er meint nämlich: daß es dem Plan an individueller, epischer Handlung fehle. Wie Sie mir zuerst davon sprachen, so wartete auch ich immer auf die eigentliche Handlung; alles, was Sie mir erzählten, schien mir nur der Eingang und das Feld zu einer solchen Handlung zwischen einzelnen Hauptfiguren zu sein, und wie ich nun glaubte, daß diese Handlung angehen sollte, waren Sie fertig. Freilich begreife ich wohl, daß die Gattung, zu welcher der Stoff gehört, das Individuum mehr verläßt und mehr in die Masse und ein Ganzes zu gehen zwingt, da doch einmal der Verstand der Held darin ist, der weit mehr unter sich, als in sich faßt.

Übrigens mag es mit der epischen Qualität Ihres neuen Gedichtes bewandt sein, wie es will, so wird es gegen Ihren Hermann gehalten immer eine andere Gattung sein, und wäre also der Hermann ein reiner Ausdruck der epischen Gattung, und nicht bloß einer epischen Spezies, so würde daraus erfolgen, daß das neue Gedicht um soviel weniger e p i s c h wäre. Aber das wollten Sie ja eben wissen, ob der Hermann nur eine epische Art oder die ganze Gattung darstelle, und wir stehen also wieder bei der Frage.

Ich würde Ihr neues Gedicht geradezu ein komisch-episches nennen, wenn nämlich von dem gemeinen eingeschränkten und empirischen Begriff der Komödie und des komischen Heldengedichts ganz abstrahiert wird. Ihr neues Gedicht, kommt mir vor, verhält sich ungefähr ebenso zu der Komödie, wie der Hermann zu dem Trauerspiel: mit dem Unterschied nämlich, daß dieser es mehr durch seinen Stoff thut, jenes mehr durch die Behandlung.

Aber ich will erst Ihren Plan erwarten, um mehr darüber zu sagen.

Was sagen Sie zu der Regensburger Friedensnachricht? Wissen Sie etwas Bestimmtes, so teilen Sie es uns ja mit. Leben Sie bestens wohl.

Sch.

21.

Jena, 2. Mai 1797.

Ich begrüße Sie aus meinem Garten, in den ich heute eingezogen bin. Eine schöne Landschaft umgiebt mich, die Sonne geht freundlich unter und die Nachtigallen schlagen. Alles um mich herum erheitert mich, und mein erster Abend auf dem eignen Grund und Boden ist von der fröhlichsten Vorbebeutung.

Dies ist aber auch alles was ich Ihnen heute schreiben kann, denn über den Arrangements ist mir der Kopf ganz wüste geworden. Morgen hoffe ich endlich mit rechter Lust wieder an die Arbeit zu gehen und dabei zu beharren.

Wenn Sie mir den Text vom Don Juan auf einige Tage schicken wollten, werden Sie mir einen Gefallen erweisen. Ich habe die Idee, eine Ballade daraus zu machen, und da ich das Märchen nur vom Hörensagen kenne, so möchte ich doch wissen, wie es behandelt ist.

Schiller an Goethe.

Leben Sie recht wohl. Herzlich freue ich mich drauf, bald wieder eine Zeitlang mit Ihnen zu verleben.

Sch.

22.

Jena, den 23. Juni 1797.

Ihr Entschluß an den Faust zu gehen ist mir in der That überraschend, besonders jetzt, da Sie sich zu einer Reise nach Italien gürten. Aber ich hab' es einmal für immer aufgegeben, Sie mit der gewöhnlichen Logik zu messen, und bin also im voraus überzeugt, daß Ihr Genius sich vollkommen gut aus der Sache ziehen wird.

Ihre Aufforderung an mich, Ihnen meine Erwartungen und Desideria mitzuteilen, ist nicht leicht zu erfüllen; aber so viel ich kann, will ich Ihren Faden aufzufinden suchen, und wenn auch das nicht geht, so will ich mir einbilden, als ob ich die Fragmente von Faust zufällig fände und solche auszuführen hätte. So viel bemerke ich hier nur, daß der Faust, das Stück nämlich, bei aller seiner dichterischen Individualität die Forderung an eine symbolische Bedeutsamkeit nicht ganz von sich weisen kann, wie auch wahrscheinlich Ihre eigne Idee ist. Die Duplizität der menschlichen Natur und das verunglückte Bestreben, das Göttliche und das Physische im Menschen zu vereinigen, verliert man nicht aus den Augen, und weil die Fabel ins Grelle und Formlose geht und gehen muß, so will man nicht bei dem Gegenstand stille stehen, sondern von ihm zu Ideen geleitet werden. Kurz, die Anforderungen an den Faust sind zugleich philosophisch und poetisch, und Sie mögen sich wenden wie Sie wollen, so wird Ihnen die Natur des Gegenstandes eine philosophische Behandlung auflegen,

und die Einbildungskraft wird sich zum Dienst einer Vernunft=
idee bequemen müssen.

Aber ich sage Ihnen damit schwerlich etwas Neues, denn
Sie haben diese Forderung in dem was bereits da ist, schon in
hohem Grad zu befriedigen angefangen.

Wenn Sie jetzt wirklich an den Faust gehen, so zweifle ich
auch nicht mehr an seiner völligen Ausführung, welches mich
sehr erfreut.

Meine Frau, die mir Ihren Brief bringt und eben
von ihrer kleinen Reise mit dem Herrn Karl zurückkommt,
verhindert mich heute mehr zu schreiben. Montag denke
ich Ihnen eine neue Ballade zu senden; es ist jetzt eine
ergiebige Zeit zur Darstellung von Ideen. Leben Sie recht
wohl.

Sch.

23.

Jena, den 21. Juli 1797.

Ich kann nie von Ihnen gehen, ohne daß etwas in mir
gepflanzt worden wäre, und es freut mich, wenn ich für das
Viele was Sie mir geben, Sie und Ihren inneren Reichtum
in Bewegung setzen kann. Ein solches auf wechselseitige
Perfektibilität gebautes Verhältnis muß immer frisch und
lebendig bleiben, und gerade desto mehr an Mannigfaltigkeit
gewinnen, je harmonischer es wird und je mehr die Entgegen=
setzung sich verliert, welche bei so vielen andern allein die
Einförmigkeit verhindert. Ich darf hoffen, daß wir uns nach
und nach in allem verstehen werden, wovon sich Rechenschaft
geben läßt, und in demjenigen, was seiner Natur nach nicht
begriffen werden kann, werden wir uns durch die Empfindung
nahe bleiben.

Schiller an Goethe.

Die schönste und die fruchtbarste Art, wie ich unsere wechselseitigen Mitteilungen benutze und mir zu eigen mache, ist immer diese, daß ich sie unmittelbar auf die gegenwärtige Beschäftigung anwende und gleich produktiv gebrauche; und wie Sie in der Einleitung zum Laokoon sagen, daß in einem einzelnen Kunstwerk die Kunst ganz liege, so glaube ich, muß man alles Allgemeine in der Kunst wieder in den besonderſten Fall verwandeln, wenn die Realität der Idee sich bewähren soll. Und so, hoffe ich, soll mein Wallenstein und was ich künftig von Bedeutung hervorbringen mag, das ganze System desjenigen, was bei unserem Kommerzio in meine Natur hat übergehen können, in concreto zeigen und enthalten.

Das Verlangen nach dieser Arbeit regt sich wieder stark in mir, denn es ist hier schon ein bestimmteres Objekt, was den Kräften ihre Thätigkeit anweist, und jeder Schritt ist hier schon bedeutender, statt daß ich bei neuen rohen Stoffen so oft leer greifen muß. Ich werde jetzt die Lieder zum Almanach zuerst fertig zu bringen suchen, weil mich die Komponisten so sehr mahnen, dann mein Glück an den Kranichen versuchen und mit dem September zur Tragödie zurückkehren.

Die Nachrichten von Ihnen werden in die einfache Existenz, auf die ich jetzt eingeschränkt bin, einen fruchtbaren Wechsel bringen, und außer dem Neuen, was Sie mir zuführen, auch das Alte, was unter uns verhandelt worden, wieder in mir lebendig machen.

Und so leben Sie wohl und denken meiner bei unserm Freunde, so wie Sie uns immer gegenwärtig sein werden. Meine Frau sagt Ihnen ein herzliches Lebewohl.

Den Chor aus Prometheus bitte nicht zu vergessen.

Sch

24.

Jena, den 7. September 1797.

Endlich fange ich an, mich wieder zu fühlen und meine Stimmung wieder zu finden. Nach Abgang meines letzten Briefs an Sie hatte sich mein Übel noch verschlimmert, ich habe mich lange nicht so schlimm befunden. Fast alle meine Beschäftigungen stockten indessen und die wenigen leidlichen Augenblicke, die ich hatte, nahm der Almanach in Anspruch. Solch eine Beschäftigung hat durch ihren ununterbrochenen und unerbittlichen gleichen Rhythmus etwas Wohlthätiges, da sie die Willkür aufhebt und sich streng, wie die Tageszeit, meldet. Man nimmt sich zusammen, weil es sein muß, und bei bestimmten Forderungen, die man an sich macht, geschieht die Sache auch nicht schlechter. Wir sind mit dem Druck des Almanachs jetzt bald im Reinen, und wenn die Beiwerke, Decke, Titelkupfer und Musik, keinen Aufenthalt machen, kann das Werkchen noch vor Michaelis versendet werden.

Mit dem Ibykus habe ich nach Ihrem Rat wesentliche Veränderungen vorgenommen, die Exposition ist nicht mehr so dürftig, der Held der Ballade interessiert mehr, die Kraniche füllen die Einbildungskraft auch mehr, und bemächtigen sich der Aufmerksamkeit genug, um bei ihrer letzten Erscheinung, durch das Vorhergehende, nicht in Vergessenheit gebracht zu sein.

Was aber Ihre Erinnerung in Rücksicht auf die Entwicklung betrifft, so war es mir unmöglich, hierin ganz Ihren Wunsch zu erfüllen. Lasse ich den Ausruf des Mörders nur von den nächsten Zuschauern gehört werden, und unter diesen eine

Bewegung entstehen, die sich dem Ganzen nebst ihrer Ver=
anlassung erst mitteilt, so bürde ich mir ein Detail auf, das
mich hier bei so ungeduldig forteilender Erwartung gar zu sehr
embarrassiert, die Masse schwächt, die Aufmerksamkeit verteilt
u. s. w. Meine Ausführung soll aber nicht ins Wunderbare
gehen, auch schon bei dem ersten Konzept fiel mir das nicht
ein, nur hatte ich es zu unbestimmt gelassen. Der bloße
natürliche Zufall muß die Katastrophe erklären. Dieser Zufall
führt den Kranichzug über dem Theater hin, der Mörder ist
unter den Zuschauern, das Stück hat ihn zwar nicht eigentlich
gerührt und zerknirscht, das ist meine Meinung nicht, aber es
hat ihn an seine That und also auch an das, was dabei vor=
gekommen, erinnert, sein Gemüt ist davon frappiert, die Er=
scheinung der Kraniche muß also in diesem Augenblick ihn
überraschen, er ist ein roher, dummer Kerl, über den der mo=
mentane Eindruck alle Gewalt hat; der laute Ausruf ist unter
diesen Umständen natürlich.

Da ich ihn oben sitzend annehme, wo das gemeine Volk
seinen Platz hat, so kann er erstlich die Kraniche früher sehen,
eh' sie über die Mitte des Theaters schweben; dadurch gewinn'
ich, daß der Ausruf der wirklichen Erscheinung der Kraniche
vorhergehen kann, worauf hier viel ankommt, und daß also
die wirkliche Erscheinung derselben bedeutender wird. Ich
gewinne zweitens, daß er, wenn er oben ruft, besser gehört
werden kann: denn nun ist es gar nicht unwahrscheinlich, daß
ihn das ganze Haus schreien hört, wenngleich nicht alle seine
Worte verstehen.

Dem Eindruck selbst, den seine Exklamation macht, habe ich
noch eine Strophe gewidmet, aber die wirkliche Entdeckung der
That, als Folge jenes Schreies, wollte ich mit Fleiß nicht

umständlicher darstellen: denn sobald nur der Weg zur Auf=
findung des Mörders geöffnet ist (und das leistet der Ausruf,
nebst dem darauffolgenden verlegenen Schrecken), so ist die
Ballade aus; das andre ist nichts mehr für den Poeten.

Ich habe die Ballade, in ihrer nun veränderten Gestalt,
an Böttiger gesendet, um von ihm zu erfahren, ob sich nichts
darin mit altgriechischen Gebräuchen im Widerspruch befindet.
Sobald ich sie zurückerhalte, lege ich die letzte Hand daran,
und eile damit in Druck. In meinem nächsten Briefe hoffe
ich, sie Ihnen nebst dem ganzen Rest des Almanachs abgedruckt
zu senden. Auch Schlegel hat noch eine Romanze geschickt,
worin Arions Geschichte mit dem Delphin behandelt ist. Der
Gedanke wäre recht gut, aber die Ausführung deucht mir kalt,
trocken und ohne Interesse zu sein. Er wollte auch die
Sakontala als Ballade bearbeiten; ein sonderbares Unter=
nehmen für ihn, wovor ihn sein guter Engel bewahren wolle.

Ihren vorletzten Brief vom 17. August erhielt ich viel
später, da Böttiger, der ihn zu besorgen hatte, abwesend war.
Das sentimentale Phänomen in Ihnen befremdet mich gar
nicht, und mir dünkt, Sie selbst haben es sich hinlänglich
erklärt. Es ist ein Bedürfnis poetischer Naturen, wenn man
nicht überhaupt menschlicher Gemüter sagen will, so wenig
Leeres als möglich um sich zu leiden, so viel Welt, als nur
immer angeht, sich durch die Empfindung anzueignen, die
Tiefe aller Erscheinungen zu suchen, und überall ein Ganzes
der Menschheit zu fordern. Ist der Gegenstand als Indi=
viduum leer, und mithin in poetischer Hinsicht gehaltlos, so
wird sich das Ideenvermögen daran versuchen und ihn von
seiner symbolischen Seite fassen, und so eine Sprache für die
Menschheit daraus machen. Immer aber ist das Sentimen=

tale (in gutem Sinn) ein Effekt des poetischen Strebens, welches, sei es aus Gründen die in dem Gegenstand, oder solchen die in dem Gemüt liegen, nicht ganz erfüllt wird. Eine solche poetische Forderung, ohne eine reine poetische Stimmung und ohne einen poetischen Gegenstand, scheint Ihr Fall gewesen zu sein, und was Sie mithin an sich erfuhren, ist nichts als die allgemeine Geschichte der sentimentalischen Empfindungsweise und bestätiget alles das, was wir darüber mit einander festgesetzt haben.

Nur eins muß ich dabei noch erinnern. Sie drücken sich so aus, als wenn es hier sehr auf den Gegenstand ankäme, was ich nicht zugeben kann. Freilich der Gegenstand muß etwas bedeuten, sowie der poetische etwas sein muß; aber zuletzt kommt es auf das Gemüt an, ob ihm ein Gegenstand etwas bedeuten soll, und so deucht mir das Leere und Gehaltreiche mehr im Subjekt als im Objekt zu liegen. Das Gemüt ist es, welches hier die Grenze steckt, und das Gemeine oder Geistreiche kann ich auch hier, wie überall, nur in der Behandlung, nicht in der Wahl des Stoffes finden. Was Ihnen die zwei angeführten Plätze gewesen sind, würde Ihnen, unter andern Umständen, bei einer mehr aufgeschlossenen poetischen Stimmung, jede Straße, Brücke, jedes Schiff, ein Pflug oder irgend ein anderes mechanisches Werkzeug vielleicht geleistet haben.

Entfernen Sie aber ja diese sentimentalen Eindrücke nicht, und geben Sie denselben einen Ausdruck so oft Sie können. Nichts, außer dem Poetischen, reinigt das Gemüt so sehr von dem Leeren und Gemeinen, als diese Ansicht der Gegenstände, eine Welt wird dadurch in das Einzelne gelegt, und die flachen Erscheinungen gewinnen dadurch eine unendliche Tiefe. Ist es auch nicht poetisch, so ist es, wie Sie selbst es ausdrücken, menschlich und das Menschliche ist immer der Anfang des Poetischen, das nur der Gipfel davon ist.

Heute, als den 8ten, erhalte ich einen Brief von Cotta, der mir sagt, daß Sie seit dem 30sten in Stuttgart wären. Ich kann Sie mir nicht in Stuttgart denken, ohne gleichfalls in eine sentimentale Stimmung zu geraten. Was hätte ich vor sechzehn Jahren darum gegeben, Ihnen auf diesem Boden zu begegnen, und wie wunderbar wird mir's, wenn ich die Zustände und Stimmungen, welche dieses Lokal mir zurückruft, mit unserm gegenwärtigen Verhältnis zusammendenke!

Ich bin sehr erwartend, wie lang Sie in dortigen Gegenden zu verweilen Neigung und Veranlassung gefunden. Hoffentlich fand Sie mein Brief vom 30sten noch dort; der gegenwärtige aber trifft Sie wahrscheinlich erst in Zürich und bei unserm Freund, den ich herzlich grüße.

Schreiben Sie mir doch in Ihrem nächsten Briefe, wie es mit den für Sie bestimmten Exemplarien des Almanachs soll gehalten werden, wohin und an wen ich sie zu schicken habe.

Herzlich freue ich mich, daß Sie auch an die Horen gedacht haben und mich auf den Oktober etwas dafür hoffen lassen. Bei den Anstalten die Sie machten, sich der Erfahrungsmasse um Sie herum zu bemächtigen, muß Ihnen ein unerschöpflicher Stoff zufließen.

Es war mir sehr angenehm, daß Hölderlin sich Ihnen noch präsentiert hat; er schrieb mir nichts davon, daß er's thun wollte, und muß sich also auf einmal ein Herz gefaßt haben. Hier ist auch wieder ein poetisches Genie, von Schlegels Art und Weise. Sie werden ihn im Almanach finden. Er hat

Schiller an Goethe.

Schlegels Pygmalion nachgeahmt und in demselben Geschmack einen symbolischen Phaëthon geliefert. Das Produkt ist närrisch genug, aber die Versifikation und einzelne gute Gedanken geben ihm doch einiges Verdienst.

Leben Sie recht wohl und fahren Sie fort, wie bisher mich Ihrem Geiste folgen zu lassen. Herzliche Grüße von meiner Frau. Ihr Kleiner, höre ich, ist ganz wieder hergestellt.

Sch.

25.

Jena, den 14. September 1797.

Zu meiner Freude erfahre ich aus Ihrem Stuttgarter Briefe, daß Sie sich auf meinem vaterländischen Boden gefallen, und daß die Personen, die ich Ihnen empfahl, mich nicht zum Lügner gemacht haben. Ich zweifle nicht, daß diese sieben Tage, die Sie selbst mit Vergnügen und Nutzen dort zugebracht, für Dannecker und Rapp Epoche machen und sehr gute Folgen haben werden. Der erste besonders ist höchst bildungsfähig, und ihm mangelt es bis jetzt nur an einer glücklichen Pflege von außen, die seinem reichen Naturell die gehörige Richtung gegeben hätte. Ich kann mir seine Fehlgriffe in der Kunst, da er diese sonst so ernstlich zu packen wußte, und in einigen Hauptpunkten so entscheidend auf das wahre Wesen losgeht, nur aus einem gewissen Überfluß erklären; mir deucht daß seine poetische Imagination sich mit der artistischen, woran es ihm gar nicht mangelt, nur konfundiere.

Überhaupt frage ich Sie bei dieser Gelegenheit, ob die Neigung so vieler talentvoller Künstler neuerer Zeit zum Poetisieren in der Kunst nicht daraus zu erklären ist, daß in einer Zeit, wie die unsrige, es keinen Durchgang zum Ästhetischen giebt als durch das Poetische, und daß folglich alle auf Geist

Anspruch machenden Künstler, eben deswegen weil sie nur durch ein poetisches Empfinden geweckt worden sind, auch in der bildenden Darstellung nur eine poetische Imagination zeigen. Das Übel wäre so groß nicht, wenn nicht unglücklicherweise der poetische Geist in unsern Zeiten, auf eine der Kunstbildung so ungünstige Art, specifiziert wäre. Aber da auch schon die Poesie so sehr von ihrem Gattungsbegriff abgewichen ist (durch den sie allein mit den nachahmenden Künsten in Berührung steht), so ist sie freilich keine gute Führerin zur Kunst, und sie kann höchstens negativ (durch Erhebung über die gemeine Natur), aber keineswegs positiv und aktiv (durch Bestimmung des Objekts) auf den Künstler einen Einfluß äußern.

Auch diese Verirrung der bildenden Künstler neuerer Zeit erklärt sich mir hinreichend aus unsern Ideen über realistische und idealistische Dichtung, und liefert einen neuen Beleg für die Wahrheit derselben. Ich denke mir die Sache so:

Zweierlei gehört zum Poeten und Künstler: daß er sich über das Wirkliche erhebt und daß er innerhalb des Sinnlichen stehen bleibt. Wo beides verbunden ist, da ist ästhetische Kunst. Aber in einer ungünstigen, formlosen Natur verläßt er mit dem Wirklichen nur zu leicht auch das Sinnliche und wird idealistisch, und wenn sein Verstand schwach ist gar phantastisch; oder will er und muß er, durch seine Natur genötigt, in der Sinnlichkeit bleiben, so bleibt er gern auch bei dem Wirklichen stehen und wird, in beschränkter Bedeutung des Worts, realistisch, und wenn es ihm ganz an Phantasie fehlt, knechtisch und gemein. In beiden Fällen also ist er nicht ästhetisch.

Die Reduktion empirischer Formen auf ästhetische ist die

Schiller an Goethe.

schwierige Operation, und hier wird gewöhnlich entweder der Körper oder der Geist, die Wahrheit oder die Freiheit fehlen. Die alten Muster, sowohl im Poetischen als im Plastischen, scheinen mir vorzüglich den Nutzen zu leisten, daß sie eine empirische Natur, die bereits auf eine ästhetische reduziert ist aufstellen, und daß sie, nach einem tiefen Studium, über das Geschäft jener Reduktion selbst Winke geben können.

Aus Verzweiflung, die empirische Natur womit er umgeben ist, nicht auf eine ästhetische reduzieren zu können, verläßt der neuere Künstler von lebhafter Phantasie und Geist sie lieber ganz, und sucht bei der Imagination Hülfe gegen die Wirklichkeit. Er legt einen poetischen Gehalt in sein Werk, das sonst leer und dürftig wäre, weil ihm derjenige Gehalt fehlt, der aus den Tiefen des Gegenstandes geschöpft werden muß.

Sch.

26.

Den 15. September 1797.

Es wäre vortrefflich, wenn Sie mit Meyern Ihre Gedanken über die Wahl der Stoffe, für poetische und bildende Darstellung, entwickelten. Diese Materie kommuniziert mit dem Innersten der Kunst, und würde zugleich durch ihre unmittelbare und leichte Anwendung auf wirkliche Kunstwerke sehr pragmatisch und ansprechend sein. Ich für meinen Teil werde darüber auch meine Begriffe deutlich zu machen suchen.

Vor der Hand scheint mir, daß man mit großem Vorteil von dem Begriff der absoluten Bestimmtheit des Gegenstandes ausgehen könnte. Es würde sich nämlich zeigen, daß alle, durch eine ungeschickte Wahl des Gegenstandes, verunglückten Kunstwerke an einer solchen Unbestimmtheit und daraus folgenden Willkürlichkeit leiden.

So scheint mir der Begriff dessen, was man einen prägnanten Moment nennt, sich vollkommen durch seine Qualifikation zu einer durchgängig bestimmten Darstellung zu erklären. Ich weiß in der poetischen Gattung keinen treffendern Fall als Ihren Hermann. Hier würde sich vielleicht durch eine Art Induktion zeigen lassen, daß bei jeder andern Wahl der Handlung etwas hätte unbestimmt bleiben müssen.

Verbindet man mit diesem Satz nun den andern, daß die Bestimmung des Gegenstandes jedesmal durch die Mittel geschehen muß, welche einer Kunstgattung eigen sind, daß sie innerhalb der besondern Grenzen einer jeden Kunstspezies absolviert werden muß, so hätte man, deucht mir, ein hinlängliches Kriterium, um in der Wahl der Gegenstände nicht irre geleitet zu werden.

Aber freilich, wenn dies auch seine Richtigkeit hätte, ist die Anwendung des Satzes schwer und möchte überall mehr Sache des Gefühls und des Ahnungsvermögens bleiben, als des deutlichen Bewußtseins.

Ich bin sehr neugierig auf das neue poetische Genre, woraus Sie mir bald etwas senden wollen. Der reiche Wechsel Ihrer Phantasie erstaunt und entzückt mich, und wenn ich Ihnen auch nicht folgen kann, so ist es schon ein Genuß und Gewinn für mich, Ihnen nachzusehen. Von diesem neuen Genre erwarte ich mir etwas sehr Anmutiges, und begreife schon im voraus, wie geschickt es dazu sein muß, ein poetisches Leben und einen geistreichen Schwung in die gemeinsten Gegenstände zu bringen.

Von unserm Freunde Humboldt habe ich heute Briefe bekommen. Es gefällt ihm in Wien gar nicht mehr, die italienische Reise hat er auch so gut als aufgegeben, ist aber

Schiller an Goethe.

beinahe entschlossen nach Paris zu gehen, welches er aber wahrscheinlich, nach den neuesten Ereignissen dort, nicht zur Ausführung bringen wird. Er wird Ihnen, wie er schreibt, in diesen Tagen von sich Nachricht geben.

Ich habe immer noch viel von meinem Husten zu leiden, bin aber viel freier von meinem alten Übel, wobei indes meine Stimmung und meine Thätigkeit nicht viel gewinnt: denn das neue Übel greift mir den Kopf weit mehr an als das malum domesticum, die Krämpfe, zu thun pflegen. Indes hoffe ich, in acht oder zehn Tagen der Schererei des Almanachs los zu sein und wieder ernstlich an den Wallenstein gehen zu können. Das Lied von der Glocke habe ich bei meinem Übelsinden nicht vornehmen können noch mögen. Indessen fanden sich doch noch allerlei Kleinigkeiten für den Almanach, die eine Mannigfaltigkeit in meine Beiträge bringen und meinen Anteil an demselben ziemlich beträchtlich machen.

Mit meinen Kranichen ist Böttiger sehr zufrieden gewesen, und Zeit und Lokal, worüber ich ihn konsultierte, hat er sehr befriedigend dargestellt gefunden. Er gestand bei dieser Gelegenheit, daß er nie recht begriffen habe, wie sich aus dem Ibykus etwas machen ließe. Dieses Geständnis hat mich sehr belustigt, da es seinen Mann so schön charakterisiert.

Sie werden von Cotta den I und K Bogen des Almanachs erhalten haben; vielleicht kann ich heute noch einen schicken. Der Almanach wird stärker als der vom vorigen Jahr, ohne daß ich in der Auswahl hätte larer sein müssen.

In meinem Hause geht es gut, und wir haben Karls Geburtstag gestern mit vieler Freude gefeiert. Heute hatten wir Vent aus Weimar bei uns, der mir sehr wohl gefällt; sonst hat sich meine Gesellschaft um keine neue Figur vermehrt. Meine Frau denkt Ihrer mit herzlichem Anteil, auch mein Schwager und Schwägerin empfehlen sich Ihnen aufs beste.

Leben Sie recht wohl, grüßen Sie Meyern und denken Sie meiner in Ihrem Kreise. Ihre Briefe sind für uns reich beladene Schiffe, und machen jetzt eine meiner besten Freuden aus. Leben Sie recht wohl.

Sch.

27.

Jena, den 30. Oktober 1797.

Gottlob daß ich wieder Nachricht von Ihnen habe! Diese drei Wochen, da Sie in den Gebirgen, abgeschnitten von uns, umherzogen, sind mir lang geworden. Desto mehr erfreute mich Ihr lieber Brief, und alles was er enthielt. Die Idee von dem Wilhelm Tell ist sehr glücklich, und genau überlegt, könnten Sie, nach dem Meister und nach dem Hermann, nur einen solchen, völlig lokal=charakteristischen Stoff, mit der gehörigen Originalität Ihres Geistes und der Frischheit der Stimmung behandeln. Das Interesse, welches aus einer streng umschriebenen, charakteristischen Lokalität und einer gewissen historischen Gebundenheit entspringt, ist vielleicht das Einzige, was Sie sich durch jene beiden vorhergegangenen Werke nicht weggenommen haben. Diese zwei Werke sind auch dem Stoff nach ästhetisch frei, und so gebunden auch in beiden das Lokal aussieht und ist, so ist es doch ein rein poe= tischer Boden und repräsentiert eine ganze Welt. Bei dem Tell wird ein ganz anderer Fall sein; aus der bedeutenden Enge des gegebenen Stoffes wird da alles geistreiche Leben hervorgehen. Es wird darin liegen, daß man durch die Macht des Poeten recht sehr beschränkt und in dieser Beschränkung innig und intensiv gerührt und beschäftigt wird. Zugleich öffnet sich aus diesem schönen Stoffe wieder ein Blick in eine gewisse Weite des Menschengeschlechts, wie zwischen hohen Bergen eine Durchsicht in freie Fernen sich aufthut.

Wie sehr wünschte ich auch dieses Gedichtes wegen bald wieder mit Ihnen vereinigt zu sein. Sie würden sich vielleicht jetzt eher gewöhnen, mit mir darüber zu sprechen, da die Einheit und Reinheit Ihres Hermanns durch Ihre Mitteilungen an mich, während der Arbeit, so gar nicht gestört worden ist. Und ich gestehe daß ich nichts auf der Welt weiß, wobei ich mehr gelernt hätte, als jene Kommunikationen, die mich recht ins Innere der Kunst hineinführten.

Das Lied vom Mühlbach ist wieder charmant und hat uns große Freude gemacht. Es ist eine ungemein gefällige Einkleidung, die der Einbildungskraft ein reizendes Spiel verschafft; das Silbenmaß ist auch recht glücklich dazu gewählt. Auch die Distichen sind sehr lieblich.

Humboldt hat endlich einmal, und zwar aus München, geschrieben. Er geht jetzt auf Basel los, wo er sich bestimmen wird, ob die Pariser Reise vor sich gehen soll oder nicht. Sie wird er also schwerlich mehr finden, es sei denn daß Sie den Winter noch bei Zürich zubringen werden, wohin er sich wenden wird, wenn er nicht nach Paris geht. Ein großes Salzbergwerk bei Berchtoldsgaden, worin er gewesen, beschreibt er recht artig. Die bayerische Nation scheint ihm sehr zu gefallen, und einen dortigen Kriegsminister Rambohr rühmt er sehr wegen seiner schönen und menschenfreundlichen Anstalten.

Wir sind jetzt wieder in der Stadt, wo wir uns sämtlich wohlauf befinden. Ich arbeite an dem Wallenstein eifrig,

wiewohl es sehr langsam geht, weil mir der viele und unge=
staltbare Stoff so gar viel zu thun giebt.

Den Almanach haben Sie nun erhalten, sowie auch meinen
Brief vom 2ten, 6ten und 20sten Oktober, wie ich hoffe.
Leben Sie recht wohl mit Meyern, den wir herzlich grüßen.
Möchte unser guter Genius Sie ja bald wieder zu uns führen.
Meine Frau wird Ihnen selbst ein paar Zeilen schreiben.
Ich las neulich den Hermann vor einer Gesellschaft von
Freunden in Einem Abend vom Anfang bis zum Ende; er
rührte uns wieder unbeschreiblich, und mir brachte er noch die
Abende, wo Sie ihn uns vorlasen, so lebhaft zurück, daß ich
doppelt bewegt war. Noch einmal: leben Sie recht wohl!

Sch.

28.

Jena, den 24. November 1797.

Ich habe noch nie so augenscheinlich mich überzeugt als bei
meinem jetzigen Geschäft, wie genau in der Poesie Stoff und
Form, selbst äußere, zusammenhängen. Seitdem ich meine
prosaische Sprache in eine poetisch=rhythmische verwandle,
befinde ich mich unter einer ganz andern Gerichtsbarkeit als
vorher, selbst viele Motive, die in der prosaischen Ausführung
recht gut am Platz zu stehen schienen, kann ich jetzt nicht mehr
brauchen: sie waren bloß gut für den gewöhnlichen Haus-
verstand, dessen Organ die Prosa zu sein scheint; aber der
Vers fordert schlechterdings Beziehungen auf die Einbildungs=
kraft, und so mußte ich auch in mehreren meiner Motive
poetischer werden. Man sollte wirklich alles, was sich über
das Gemeine erheben muß, in Versen, wenigstens anfänglich,
konzipieren, denn das Platte kommt nirgends so ins Licht,
als wenn es in gebundener Schreibart ausgesprochen wird.

Schiller an Goethe.

Bei meinen gegenwärtigen Arbeiten hat sich mir eine Bemerkung angeboten, die Sie vielleicht auch schon gemacht haben. Es scheint, daß ein Teil des poetischen Interesse in dem Antagonism zwischen dem Inhalt und der Darstellung liegt. Ist der Inhalt sehr poetisch bedeutend, so kann eine magere Darstellung und eine bis zum Gemeinen gehende Einfalt des Ausdrucks ihm recht wohl anstehen, da im Gegenteil ein unpoetischer gemeiner Inhalt, wie er in einem größern Ganzen oft nötig wird, durch den belebten und reichen Ausdruck poetische Dignität erhält. Dies ist auch meines Erachtens der Fall, wo der Schmuck, den Aristoteles fordert, eintreten muß, denn in einem poetischen Werke soll nichts Gemeines sein.

Der Rhythmus leistet bei einer dramatischen Produktion noch dieses Große und Bedeutende, daß er, indem er alle Charaktere und alle Situationen nach Einem Gesetz behandelt, und sie, trotz ihres innern Unterschiedes, in einer Form ausführt, dadurch den Dichter und seine Leser nötiget, von allem noch so Charakteristisch-verschiedenen etwas Allgemeines, Reinmenschliches zu verlangen. Alles soll sich in dem Geschlechtsbegriff des Poetischen vereinigen, und diesem Gesetz dient der Rhythmus sowohl zum Repräsentanten als zum Werkzeug, da er alles unter seinem Gesetze begreift. Er bildet auf diese Weise die Atmosphäre für die poetische Schöpfung, das Gröbere bleibt zurück, nur das Geistige kann von diesem dünnen Elemente getragen werden.

Sie erhalten hier acht Almanache. Eigentlich waren Ihnen sechs auf Velin zugedacht, aber durch eine Konfusion bei der Besorgung geschah es, daß mein Vorrat von schönen Exemplaren alle war, ehe ich's wußte. Ich sende dafür zwei

Exemplare mehr, und das ist Ihnen vielleicht lieber. Die Herzogin hat eines von mir erhalten, so auch Geh.=Rat Voigt, Herder, Böttiger.

Zelter wünscht zu wissen, wie Sie mit seinen Melodien zur Bajadere und dem Lied an Mignon zufrieden sind. Er schreibt, daß unser Almanach ihm eine Wette von sechs Champagnerflaschen gewonnen habe, denn er habe gegen einen andern behauptet: er würde gewiß keine Xenien enthalten.

Leben Sie bestens wohl und sorgen Sie, daß ich bald etwas von Ihren ästhetischen Schätzen zu lesen bekomme. An Meyern viele Grüße.

Sch.

29.

Jena, den 1. Dezember 1797.

Zanken Sie nicht, daß das verlangte Lustspiel heute nicht mitkommt; es fiel mir erst spät Abend bei Licht ein, es zu suchen, und das habe ich bald eine halbe Stunde ohne Erfolg gethan. Auf den Sonntag werde ich's der fahrenden Post mitgeben.

Es ist mir fast zu arg, wie der Wallenstein mir anschwillt, besonders jetzt, da die Jamben, obgleich sie den Ausdruck verkürzen, eine poetische Gemütlichkeit unterhalten, die einen ins Breite treibt. Sie werden beurteilen, ob ich kürzer sein sollte und könnte. Mein erster Akt ist so groß, daß ich die drei ersten Akte Ihrer Iphigenia hineinlegen kann, ohne ihn ganz auszufüllen; freilich sind die hintern Akte viel kürzer. Die Exposition verlangt Extensität, so wie die fortschreitende Handlung von selbst auf Intensität leitet. Es kommt mir vor, als ob mich ein gewisser epischer Geist angewandelt habe, der aus der Macht Ihrer unmittelbaren Einwirkung zu erklä=

ren sein mag; doch glaube ich nicht, daß er dem Dramatischen schadet, weil er vielleicht das einzige Mittel war, diesem prosaischen Stoff eine poetische Natur zu geben.

Da mein erster Akt mehr statistisch oder statisch ist, den Zustand welcher ist darstellt, aber ihn eigentlich noch nicht verändert, so habe ich diesen ruhigen Anfang dazu benutzt, die Welt und das Allgemeine, worauf sich die Handlung bezieht, zu meinem eigentlichen Gegenstand zu machen. So erweitert sich der Geist und das Gemüt des Zuhörers, und der Schwung, in den man dadurch gleich anfangs versetzt wird, soll, wie ich hoffe, die ganze Handlung in der Höhe erhalten.

Ich habe Meyern neulich gebeten, mir Ihre Zeichnung für den nächsten Almanach zu verschaffen. Wir wollen dies doch beizeiten thun, daß der Stich auch recht mit Muße gemacht werden kann. Auch wünschte ich von ihm eine Nemesis, für meinen Wallenstein; es ist eine interessante und bedeutende Verzierung. Meyer wird sich eine ausdenken, die einen tragischen Charakter hat; ich wollte sie als Vignette auf dem Titelblatt selbst haben.

Kann ich nicht bald etwas für die Horen von Ihnen hoffen? In diesen düstern Dezembertagen kann man doch nichts Besseres thun als Geld verdienen, was man in schönern ausgiebt. Haben Sie den Moses nicht Lust jetzt zu vollenden, oder findet sich vielleicht eine andere, schneller zu fertigende Materie? Ich bin sehr arm und die Stunden wollen doch nicht stille stehen.

Leben Sie recht wohl und erfreuen Sie sich mit Meyern Ihrer erbeuteten Kunstschätze, auf die ich sehr neugierig bin, und die uns zu specifizierteren Urteilen über die Kunst, die mir so sehr Bedürfnis sind, Anlaß geben werden. Meine Frau grüßt aufs beste. Sch.

30.

Jena, den 8. Dezember 1797.

Ich bin nun mit der Notwendigkeit, die mich die nächsten Monate hier zurückhält, vollkommen ausgesöhnt, da die Reise nach Weimar nicht einmal der Weg gewesen wäre, mich mit Ihnen öfter zu vereinigen, und so wollen wir den kommenden Monat das alte Leben mit Segen wieder beginnen, welches durch Meyers Anwesenheit nicht verlieren wird. Es ist wohl nicht übel, daß Sie zwischen Ihr erstes und zweites Epos den Faust einschieben. Sie schwellen dadurch den poetischen Strom, und erregen sich ein ungeduldiges Verlangen nach der neuen, reinen Produktion, welches schon die halbe Stimmung ist. Der Faust, wenn Sie ihn nun durchgearbeitet, läßt Sie auch sicherlich nicht so, wie Sie zu ihm kommen; er übt und schärft irgend eine neue Kraft in Ihnen und so kommen Sie reicher und feuriger zu Ihrem neuen Werke.

An den Wallenstein werde ich mich so sehr halten als ich kann, aber das pathologische Interesse der Natur an einer solchen Dichterarbeit hat viel Angreifendes für mich. Glücklicherweise alteriert meine Kränklichkeit nicht meine Stimmung, aber sie macht, daß ein lebhafter Anteil mich schneller erschöpft und in Unordnung bringt. Gewöhnlich muß ich daher einen Tag der glücklichen Stimmung mit fünf oder sechs Tagen des Drucks und des Leidens büßen. Dies hält mich erstaunlich auf, wie Sie denken können. Doch gebe ich die Hoffnung nicht auf, den Wallenstein noch in dem nächsten Sommer in Weimar spielen zu sehen, und im nächsten Herbst tief in meinen Maltesern zu sitzen.

Diese beschäftigen mich jetzt zuweilen, wenn ich von der Arbeit ausruhe. Es ist etwas sehr Anziehendes für mich in solchen Stoffen, welche sich von selbst isolieren und eine Welt für sich ausmachen. Ich habe diesen Umstand im Wallenstein sehr benutzt, und in den Maltesern wird er mich noch mehr begünstigen. Nicht nur, daß dieser Orden wirklich ein Individuum ganz sui generis ist, so ist er es im Moment der dramatischen Handlung noch mehr. Alle Kommunikation mit der übrigen Welt ist durch die Blockade abgeschnitten, er ist bloß auf sich selbst, auf die Sorge für seine Existenz konzentriert, und nur die Eigenschaften, die ihn zu dem Orden machen, der er ist, können in diesem Moment seine Erhaltung bewirken.

Dieses Stück wird aber so einfach behandelt werden müssen, als der Wallenstein kompliziert ist, und ich freue mich im voraus in dem einfachen Stoff alles zu finden, was ich brauche, und alles zu brauchen, was ich Bedeutendes finde. Ich kann ihn ganz in der griechischen Form und nach des Aristoteles Schema, mit Chören und ohne die Akteneinteilung ausführen, und werde es auch thun. Sagen Sie mir doch, woher denn die Akteneinteilung sich schreibt? Im Aristoteles finden wir nichts davon, und bei sehr vielen griechischen Stücken würde sie gar nicht anzuwenden sein.

Von Humboldt habe ich seit sechs Wochen nichts gehört, und schließe daraus, daß er wirklich nach Paris ist: denn wenn er in der Schweiz ruhig säße, hätte ihn die bloße Langeweile zum Schreiben bringen müssen.

Leben Sie recht wohl und überstehen noch glücklich den Rest dieses Monats. Bei mir ist jetzt alles wohl. Meine

Frau grüßt Sie aufs-beste. Dem alten Meyer freue ich mich auch etwas von dem **Wallenstein** zu zeigen.

Sch.

31.
Jena, den 9. November 1798.

Ich bin seit gestern endlich an den poetisch wichtigsten, bis jetzt immer aufgesparten Teil des **Wallensteins** gegangen, der der Liebe gewidmet ist, und sich, seiner frei menschlichen Natur nach, von dem geschäftigen Wesen der übrigen Staatsaktion völlig trennt, ja demselben, dem Geist nach, entgegensetzt. Nun erst, da ich diesem letztern die mir mögliche Gestalt gegeben, kann ich mir ihn aus dem Sinne schlagen und eine ganz verschiedene Stimmung in mir aufkommen lassen; und ich werde einige Zeit damit zuzubringen haben, ihn wirklich zu vergessen. Was ich nun am meisten zu fürchten habe ist, daß das überwiegende menschliche Interesse dieser großen Episode an der schon feststehenden ausgeführten Handlung leicht etwas verrücken möchte: denn ihrer Natur nach gebührt ihr die Herrschaft, und je mehr mir die Ausführung derselben gelingen sollte, desto mehr möchte die übrige Handlung dabei ins Gedränge kommen. Denn es ist weit schwerer ein Interesse für das Gefühl als eins für den Verstand aufzugeben.

Vorderhand ist nun mein Geschäft, mich aller Motive, die im ganzen Umkreis meines Stücks für diese Episode und in ihr selbst liegen, zu bemächtigen, und so, wenn es auch langsam geht, die rechte Stimmung in mir reifen zu lassen. Ich glaube mich schon auf dem eigentlichen rechten Weg zu finden und hoffe daher keine verlornen frais zu machen.

Schiller an Goethe.

Soviel muß ich aber vorher sagen, daß der Piccolomini nicht eher aus meiner Hand in die der Schauspieler kommen kann und darf, als bis wirklich auch das dritte Stück, die letzte Hand abgerechnet, ganz aus der Feder ist. Und so wünsche ich nur, daß mir Apollo gnädig sein möchte, um in den nächsten sechs Wochen meinen Weg zurückzulegen.

Damit mir meine bisherige Arbeit aus den Augen komme, sende ich sie Ihnen gleich jetzt. Es sind nur eigentlich zwei kleine Lücken geblieben, die eine betrifft die geheime magische Geschichte zwischen Octavio und Wallenstein, und die andere die Präsentation Questenbergs an die Generale, welche mir in der ersten Ausführung noch etwas Steifes hatte, und wo mir die rechte Wendung noch nicht einfiel. Die zwei ersten und die zwei letzten Akte sind sonst fertig, wie Sie sehen, und der Anfang des dritten ist auch abgeschrieben.

Vielleicht hätte ich mir's ersparen können, Ihnen das Manuskript nach Weimar zu schicken, da ich Sie, nach Ihrem letzten Brief, jeden Tag erwarten kann.

Zu den Farbenuntersuchungen wünsche ich Ihnen herzlich Glück, denn es wird sehr viel gewonnen sein, wenn Sie diese Last sich vom Herzen gewälzt haben, und da der Winter Sie so nicht zum Produzieren stimmt, so können Sie ihn nicht besser anwenden, als wenn Sie, neben der Sorge für die Propyläen, dieser Arbeit sich widmen.

Was von Decken und Kupfern fertig ist, bitte mir mit der Botenfrau zu senden. Von den Kupfern brauche ich 115 weniger als bestellt sind, denn soviel fanden sich zufälligerweise noch. Ich ersuche Meyern diese abzubestellen, wenn's noch möglich ist.

Daß mir Iffland noch nicht geantwortet, kommt mir be=

denklich vor, denn er pressierte mich selbst so sehr und es ist sein Interesse das Stück bald zu haben, wenn er es ernstlich will.

Leben Sie nun recht wohl. Mein Aufenthalt in der Stadt ist mir bisher ganz gut bekommen. Meine Frau grüßt.

Sch.

32.

Jena, den 19. März 1799.

Ich habe mich schon lange vor dem Augenblick gefürchtet, den ich so sehr wünschte, meines Werks los zu sein; und in der That befinde ich mich bei meiner jetzigen Freiheit schlimmer als bei der bisherigen Sklaverei. Die Masse, die mich bisher anzog und fest hielt, ist nun auf einmal weg, und mir dünkt, als wenn ich bestimmungslos im luftleeren Raume hinge. Zugleich ist mir, als wenn es absolut unmöglich wäre, daß ich wieder etwas hervorbringen könnte; ich werde nicht eher ruhig sein, bis ich meine Gedanken wieder auf einen bestimmten Stoff mit Hoffnung und Neigung gerichtet sehe. Habe ich wieder eine Bestimmung, so werde ich diese Unruhe los sein, die mich jetzt auch von kleinern Unternehmungen abzieht. Ich werde Ihnen, wenn Sie hier sind, einige tragische Stoffe von freier Erfindung vorlegen, um nicht in der ersten Instanz, in dem Gegenstande, einen Mißgriff zu thun. Neigung und Bedürfnis ziehen mich zu einem frei phantasierten, nicht historischen, und zu einem bloß leidenschaftlichen und menschlichen Stoff; denn Soldaten, Helden und Herrscher habe ich vor jetzt herzlich satt.

Wie beneide ich Sie um Ihre jetzige nächste Thätigkeit. Sie stehen auf dem reinsten und höchsten poetischen Boden, in der schönsten Welt bestimmter Gestalten, wo alles gemacht ist und alles wieder zu machen ist. Sie wohnen gleichsam im Hause der Poesie, wo Sie von Göttern bedient werden. Ich habe in diesen Tagen wieder den Homer vorgehabt und den Besuch der Thetis beim Vulkan mit unendlichem Vergnügen gelesen. In der anmutigen Schilderung eines Hausbesuchs, wie man ihn alle Tage erfahren kann, in der Beschreibung eines handwerksmäßigen Geschäfts, ist ein Unendliches in Stoff und Form enthalten, und das Naive hat den ganzen Gehalt des Göttlichen.

Daß Sie schon im Herbst die Achilleïs zu vollenden hoffen, es doch wenigstens für möglich halten, ist mir bei aller Überzeugung von Ihrer raschen Ausführungsweise, davon ich selbst Zeuge war, doch etwas Unbegreifliches, besonders da Sie den April nicht einmal zu Ihrer Arbeit rechnen. In der That beklage ich's, daß Sie diesen Monat verlieren sollen; vielleicht bleiben Sie aber in der epischen Stimmung und alsdann lassen Sie sich ja durch die Theatersorgen nicht stören. Was ich Ihnen in Absicht auf den Wallenstein dabei an Last abnehmen kann, werde ich ohnehin mit Vergnügen thun.

Dieser Tage hat mir die Imhof die zwei letzten Gesänge ihres Gedichts geschickt, die mir sehr große Freude gemacht haben. Es ist überaus zart und rein entwickelt, mit einfachen Mitteln und ungemeiner Anmutigkeit. Wenn Sie kommen, wollen wir es zusammen besprechen.

Hier sende ich die Piccolomini zurück und bitte mir dafür Wallensteins Lager aus, das ich auch noch abschreiben lassen will, und dann die drei Stücke zusammen endlich an Körnern senden.

Der Kasten mit Gries ist von einem Herrn Meier in Ihrem

Namen abgefordert und ihm überliefert worden. Sie haben ihn doch erhalten?

Leben Sie recht wohl. Meine Frau grüßt schönstens. Morgen hoffe ich zu hören, daß wir Sie Donnerstags erwarten können.

Sch.

33.

Jena, den 26. April 1799.

Die Zerstreuungen, die ich in Weimar erfahren, klingen heute noch bei mir nach, und ich kann noch zu keiner ruhigen Stimmung kommen. Indessen habe ich mich an eine Regierungsgeschichte der Königin Elisabeth gemacht, und den Prozeß der Maria Stuart zu studieren angefangen. Ein paar tragische Hauptmotive haben sich mir gleich dargeboten und mir großen Glauben an diesen Stoff gegeben, der unstreitig sehr viel dankbare Seiten hat. Besonders scheint er sich zu der Euripidischen Methode, welche in der vollständigsten Darstellung des Zustandes besteht, zu qualifizieren; denn ich sehe eine Möglichkeit, den ganzen Gerichtsgang zugleich mit allem Politischen auf die Seite zu bringen, und die Tragödie mit der Verurteilung anzufangen. Doch davon mündlich und bis meine Ideen bestimmter geworden sind.

Hier haben wir den Frühling nicht eben weiter vorgerückt gefunden als in Weimar, bloß die Stachelbeerhecken zeigten sich grün, die uns im Mühlthal empfingen.

Wollten Sie die Güte haben und gegen beiliegende Scheine die notierten Werke aus der Bibliothek für mich holen, und durch das Botenmädchen senden lassen. Camden habe ich schon mitgenommen, aber den Schein vergessen zurückzulassen. Wenn Sie mir, etwa aus der Sammlung des Herzogs, den

Genzischen historischen Kalender, der das Leben der Maria Stuart enthält, verschaffen könnten, so wäre mir's sehr angenehm.

Verzeihen Sie, daß ich Ihnen diese Mühe verursache.

Nochmals meinen herzlichen Dank für alles Angenehme, was ich bei Ihnen und durch Sie in Weimar genossen habe. Versäumen Sie ja nicht am ersten Mai hier zu sein, ich habe es auch schon Cotta geschrieben.

Meine Frau grüßt Sie aufs freundlichste. Leben Sie recht wohl. An Meyern viele Grüße.

Sch.

34.

Jena, den 31. Mai 1799

Ich begreife wohl, daß Ihnen das Gedicht unserer Dilettantin immer weniger Freude machen mag, je näher Sie es betrachten. Denn auch darin zeigt sich der Dilettantism besonders, daß er, weil er aus einem falschen Prinzip ausgeht, nichts hervorbringen kann, das nicht im Ganzen falsch ist, also auch keine wesentliche Hülfe zuläßt. Mein Trost ist, daß wir bei diesem Werke den dilettantischen Ursprung ja ankündigen dürfen, und daß wir, indem wir eine Toleranz dafür beweisen, bloß eine Humanität zeigen, ohne unser Urteil zu kompromittieren. Das Schlimmste dabei ist die Mühe und die Unzufriedenheit, die es Ihnen macht; indessen müssen Sie die Arbeit als eine sectionem cadaveris zum Behuf der Wissenschaft ansehen, da dieser praktische Fall bei der gegenwärtigen theoretischen Arbeit nicht ganz ungelegen kommt.

Mir haben diese Tage ganz entgegengesetzte Produkte eines Meisters in der Kunst nicht viel mehr Freude gewährt, obgleich ich, da ich nicht dafür zu respondieren habe, ganz ruhig dabei

bleiben kann. Ich habe Corneillens Rodogüne, Pompée und
Polyeucte gelesen und bin über die wirklich enorme Fehler=
haftigkeit dieser Werke, die ich seit zwanzig Jahren rühmen
hörte, in Erstaunen geraten. Handlung, dramatische Orga=
nisation, Charaktere, Sitten, Sprache, alles, selbst die Verse,
bieten die höchsten Blößen an, und die Barbarei einer sich
erst bildenden Kunst reicht lange nicht hin, sie zu entschuldigen.
Denn der falsche Geschmack, den man so oft auch in den geist=
reichsten Werken findet, wenn sie in einer rohen Zeit entstanden,
dieser ist es nicht allein, nicht einmal vorzugsweise, was daran
widerwärtig ist. Es ist die Armut der Erfindung, die Mager=
keit und Trockenheit in Behandlung der Charaktere, die Kälte
in den Leidenschaften, die Lahmheit und Steifigkeit im Gang
der Handlung, und der Mangel an Interesse fast durchaus.
Die Weibercharaktere sind klägliche Fratzen, und ich habe noch
nichts als das eigentlich Heroische glücklich behandelt gefunden;
doch ist auch dieses, an sich nicht sehr reichhaltige Ingrediens,
einförmig behandelt.

Racine ist ohne allen Vergleich dem Vortrefflichen viel
näher, obgleich er alle Unarten der französischen Manier an
sich trägt und im Ganzen etwas schwach ist. Nun bin ich in
der That auf Voltaires Tragödie sehr begierig, denn aus den
Kritiken, die der letztere über Corneille gemacht, zu schließen,
ist er über die Fehler desselben sehr klar gewesen.

Es ist freilich leichter tadeln als hervorbringen. Dabei
fällt mir mein eigenes Pensum ein, das noch immer sehr un=
gestaltet daliegt. Wüßten es nur die allzeitfertigen Urteiler
und die leichtfertigen Dilettanten, was es kostet, ein ordent=
liches Werk zu erzeugen.

Haben Sie doch die Güte, mir mit der Botenfrau die

Piccolomini und den Wallenstein zu schicken. Kotzebue hat mich darum ersucht, und ich versprach es ihm, weil mich diese Gefälligkeit weniger kostet als ein Besuch bei ihm oder ein Abendessen.

Meyern viele Grüße. Seinen Brief habe ich an Böttiger abgesendet.

Meine Frau grüßt Sie bestens. Leben Sie wohl und heiter bei diesem erquickenden Regenwetter.

Sch.

35.

Jena, den 2. August 1799.

Ich wünsche Ihnen Glück zum Auszug in den Garten, von dem ich mir gute Folgen für die produktive Thätigkeit verspreche. Nach der langen Pause, die Sie gemacht, wird es nur der Einsamkeit und ruhigen Sammlung bedürfen, um den Geist zu entbinden.

Indem Sie Miltons Gedicht vor die Hand genommen, habe ich den Zeitraum in dem es entstanden und durch den es eigentlich wurde, zu durchlaufen Gelegenheit gehabt. So schrecklich die Epoche war, so muß sie doch für das dichterische Genie erweckend gewesen sein; denn der Geschichtschreiber hat nicht unterlassen, mehrere in der englischen Poesie berühmte Namen unter den handelnden Personen aufzuführen. Hierin ist jene Revolutionsepoche fruchtbarer als die französische gewesen, an die sie einen sonst oft erinnert. Die Puritaner spielen so ziemlich die Rolle der Jakobiner, die Hülfsmittel sind oft dieselben und ebenso der Ausschlag des Kampfs. Solche Zeiten sind recht dazu gemacht Poesie und Kunst zu verderben, weil sie den Geist aufregen und entzünden, ohne ihm einen Gegenstand zu geben. Er empfängt dann seine

Objekte von innen, und die Mißgeburten der allegorischen, der spitzfindigen und mystischen Darstellung entstehen.

Ich erinnere mich nicht mehr, wie Milton sich bei der Materie vom freien Willen heraushilft, aber Kants Entwicklung ist mir gar zu mönchisch, ich habe nie damit versöhnt werden können. Sein ganzer Entscheidungsgrund beruht darauf, daß der Mensch einen positiven Antrieb zum Guten, sowie zum sinnlichen Wohlsein habe; er brauche also auch, wenn er das Böse wählt, einen positiven innern Grund zum Bösen, weil das Positive nicht durch etwas bloß Negatives aufgehoben werden könne. Hier sind aber zwei unendlich heterogene Dinge, der Trieb zum Guten und der Trieb zum sinnlichen Wohl, völlig als gleiche Potenzen und Quantitäten behandelt, weil die freie Persönlichkeit ganz gleich gegen und zwischen beide Triebe gestellt wird.

Gottlob daß wir nicht berufen sind, das Menschengeschlecht über diese Frage zu beruhigen, und immer im Reich der Erscheinung bleiben dürfen. Übrigens sind diese dunklen Stellen in der Natur des Menschen für den Dichter, und den tragischen insbesondere, nicht leer, und noch weniger für den Redner, und in der Darstellung der Leidenschaften machen sie kein kleines Moment aus.

Sagen Sie mir doch in Ihrem nächsten Brief, wann man ungefähr den Herzog in Weimar zurückerwartet und also Ihre eigne Hierherkunft in Jena bestimmen kann. Ich wünschte es darum zu wissen, weil eine kleine Reise davon abhängen könnte, die ich vielleicht mit meiner Frau auf ein paar Tage mache, und um derentwillen ich nicht gern einen Tag Ihres Hierseins versäumen möchte.

Die Frau dankt Ihnen herzlich für Ihren Anteil.

Schiller an Goethe.   121

Leben Sie recht wohl und erfreuen Sie mich bald mit der Nachricht, daß die poetische Stunde geschlagen hat.

Sch.

36.

Jena, den 20. August 1799.

Ich bin dieser Tage auf die Spur einer neuen möglichen Tragödie geraten, die zwar erst noch ganz zu erfinden ist, aber wie mir dünkt, aus diesem Stoff erfunden werden kann.

Unter der Regierung Heinrichs VII. in England stand ein Betrüger, Warbeck, auf, der sich für einen der Prinzen Eduards V. ausgab, welche Richard III. im Tower hatte ermorden lassen. Er wußte scheinbare Gründe anzuführen, wie er gerettet worden, fand eine Partei, die ihn anerkannte und auf den Thron setzen wollte. Eine Prinzessin desselben Hauses York, aus dem Eduard abstammte, und welche Heinrich VII. Händel erregen wollte, wußte und unterstützte den Betrug; sie war es vorzüglich, welche den Warbeck auf die Bühne gestellt hatte. Nachdem er als Fürst an ihrem Hof in Burgund gelebt und seine Rolle eine Zeitlang gespielt hatte, manquierte die Unternehmung, er wurde überwunden, entlarvt und hingerichtet.

Nun ist zwar von der Geschichte selbst so gut als gar nichts zu gebrauchen, aber die Situation im ganzen ist sehr fruchtbar, und die beiden Figuren des Betrügers und der Herzogin von York können zur Grundlage einer tragischen Handlung dienen welche mit völliger Freiheit erfunden werden müßte. Überhaupt glaube ich, daß man wohl thun würde, immer nur die allgemeine Situation der Zeit und die Personen aus der Geschichte zu nehmen, und alles übrige poetisch frei zu erfinden, wodurch eine mittlere Gattung von Stoffen entstände, welche die Vorteile des historischen Dramas mit dem erdichteten vereinigte.

Was die Behandlung des erwähnten Stoffs betrifft, so müßte man, deucht mir, das Gegenteil von dem thun, was der Komödiendichter daraus machen würde. Dieser würde durch den Kontrast des Betrügers mit seiner großen Rolle und seiner Inkompetenz zu derselben das Lächerliche hervorbringen. In der Tragödie müßte er als zu seiner Rolle geboren erscheinen, und er müßte sie sich so sehr zu eigen machen, daß mit denen, die ihn zu ihrem Werkzeug gebrauchen und als ihr Geschöpf behandeln wollten, interessante Kämpfe entstünden. Es müßte ganz so aussehen, daß der Betrug ihm nur den Platz angewiesen, zu dem die Natur selbst ihn bestimmt hatte. Die Katastrophe müßte durch seine Anhänger und Beschützer, nicht durch seine Feinde, und durch Liebeshändel, durch Eifersucht und dergleichen herbeigeführt werden.

Wenn Sie diesem Stoff im ganzen etwas Gutes absehen und ihn zur Grundlage einer tragischen Fabel brauchbar glauben, so soll er mich bisweilen beschäftigen, denn wenn ich in der Mitte eines Stücks bin, so muß ich in gewissen Stunden an ein neues denken können.

Leben Sie wohl, meine Frau grüßt Sie aufs beste.

Sch.

37.

Jena, den 25. Oktober 1799.

Seit dem Abend als ich Ihnen zuletzt schrieb, ist mein Zustand sehr traurig gewesen. Es hat sich noch in derselben Nacht mit meiner Frau verschlimmert, und ihre Zufälle sind in ein förmliches Nervenfieber übergegangen, das uns sehr in

Angst setzt. Sie hat zwar für die große Erschöpfung, die sie
ausgestanden noch viel Kräfte, aber sie phantasiert schon seit
drei Tagen, hat diese ganze Zeit über keinen Schlaf, und das
Fieber ist oft sehr stark. Wir schweben noch immer in großer
Angst, obgleich Starke jetzt noch vielen Trost giebt. Wenn
auch das Ärgste nicht erfolgt, so ist eine lange Schwächung
unvermeidlich.

Ich habe in diesen Tagen sehr gelitten, wie Sie wohl
denken können, doch wirkte die heftige Unruhe, Sorge und
Schlaflosigkeit nicht auf meine Gesundheit, wenn die Folgen
nicht noch nachkommen. Meine Frau kann nie allein bleiben
und will niemand um sich leiden als mich und meine Schwie=
germutter. Ihre Phantasien gehen mir durchs Herz und
unterhalten eine ewige Unruhe.

Das Kleine befindet sich gottlob wohl. Ohne meine Schwie=
germutter, die teilnehmend ruhig und besonnen ist, wüßte ich
mir kaum zu helfen.

Leben Sie recht wohl, ich würde sehr getröstet sein, Sie
bald zu sehen, ob ich Sie gleich bei so unglücklichen Umständen
nicht einladen darf.

Sch.

38.

Jena, den 27. März 1801.

Ich werde Jena nun bald verlassen, zwar mit keinen großen
Thaten und Werken beladen, aber doch auch nicht ohne alle
Frucht; es ist doch immer so viel geschehen, als ich in eben so
vieler Zeit zu Weimar würde ausgerichtet haben. Ich habe
also zwar nichts in der Lotterie gewonnen, habe aber doch im
ganzen meinen Einsatz wieder.

Auch von der hiesigen Welt habe ich, wie es mir immer

geht, weniger profitiert als ich geglaubt hatte; einige Gespräche mit Schelling und Niethammern waren alles. Erst vor einigen Tagen habe ich Schelling den Krieg gemacht, wegen einer Behauptung in seiner Transcendental-Philosophie, daß „in der Natur von dem Bewußtlosen angefangen werde um es zum Bewußten zu erheben, in der Kunst hingegen man vom Bewußtsein ausgehe zum Bewußtlosen." Ihm ist zwar hier nur um den Gegensatz zwischen dem Natur- und Kunstprodukt zu thun, und insofern hat er ganz recht. Ich fürchte aber, daß diese Herren Idealisten ihrer Ideen wegen allzuwenig Notiz von der Erfahrung nehmen, und in der Erfahrung fängt auch der Dichter nur mit dem Bewußtlosen an, ja er hat sich glücklich zu schätzen, wenn er durch das klarste Bewußtsein seiner Operationen nur so weit kommt, um die erste dunkle Totalidee seines Werks in der vollendeten Arbeit ungeschwächt wieder zu finden. Ohne eine solche dunkle, aber mächtige Totalidee, die allem Technischen vorhergeht, kann kein poetisches Werk entstehen, und die Poesie, deucht mir, besteht eben darin, jenes Bewußtlose aussprechen und mitteilen zu können, d. h. es in ein Objekt überzutragen. Der Nichtpoet kann so gut als der Dichter von einer poetischen Idee gerührt sein, aber er kann sie in kein Objekt legen, er kann sie nicht mit einem Anspruch auf Notwendigkeit darstellen. Eben so kann der Nichtpoet so gut als der Dichter ein Produkt mit Bewußtsein und mit Notwendigkeit hervorbringen, aber ein solches Werk fängt nicht aus dem Bewußtsein an, und endigt nicht in demselben. Es bleibt nur ein Werk der Besonnenheit. Das Bewußtlose mit dem Besonnenen vereinigt macht den poetischen Künstler aus.

Man hat in den letzten Jahren über dem Bestreben der

Poesie einen höhern Grad zu geben, ihren Begriff verwirrt.
Jeder der im Stande ist, seinen Empfindungszustand in ein
Objekt zu legen, so daß dieses Objekt mich nötigt in jenen
Empfindungszustand überzugehen, folglich lebendig auf mich
wirkt, heiße ich einen Poeten, einen Macher. Aber nicht jeder
Poet ist darum dem Grad nach ein vortrefflicher. Der Grad
seiner Vollkommenheit beruht auf dem Reichtum, dem Gehalt,
den er in sich hat und folglich außer sich darstellt, und auf dem
Grad der Notwendigkeit, die sein Werk ausübt. Je subjek=
tiver sein Empfinden ist, desto zufälliger ist es; die objektive
Kraft beruht auf dem Ideellen. Totalität des Ausdrucks wird
von jedem dichterischen Werk gefordert, denn jedes muß
Charakter haben, oder es ist nichts; aber der vollkommene
Dichter spricht das Ganze der Menschheit aus.

Es leben jetzt mehrere so weit ausgebildete Menschen, die
nur das ganz Vortreffliche befriedigt, die aber nicht im stande
wären, auch nur etwas Gutes hervorzubringen. Sie können
nichts machen, ihnen ist der Weg vom Subjekt zum Objekt
verschlossen; aber eben dieser Schritt macht mir den Poeten.

Ebenso gab und giebt es Dichter genug, die etwas Gutes
und Charakteristisches hervorbringen können, aber mit ihrem
Produkt jene hohen Forderungen nicht erreichen, ja nicht ein=
mal an sich selbst machen. Diesen nun, sage ich, fehlt nur
der Grad, jenen fehlt aber die Art, und dies meine ich wird
jetzt zu wenig unterschieden. Daher ein unnützer und nie=
mals beizulegender Streit zwischen beiden, wobei die Kunst
nichts gewinnt; denn die ersten, welche sich auf dem vagen
Gebiet des Absoluten aufhalten, halten ihren Gegnern immer
nur die dunkle Idee des Höchsten entgegen, diese hin=
gegen haben die That für sich, die zwar beschränkt, aber

reell ist. Aus der Idee aber kann ohne die That gar nichts werden.

Ich weiß nicht, ob ich mich deutlich genug ausgedrückt habe, ich möchte Ihre Gedanken über diese Materie wissen, welche einem durch den jetzigen Streit in der ästhetischen Welt so nahe gelegt wird.

Von hier aus werde ich Ihnen wohl nicht mehr schreiben, denn ich denke auf den Mittwoch wieder nach Weimar zu kommen; vielleicht sind Sie dann wieder dort, und unsere Mitteilungen können alsdann wieder eröffnet werden.

Ich danke für die portugiesische Reisebeschreibung; sie ist nicht übel geschrieben, doch etwas dürftig und nicht ohne Ansprüche. Der Verfasser scheint mir zu den Verstandesmenschen zu gehören, die im Herzen feindlicher gegen Philosophie und Kunst gesinnt sind, als sie gestehen. Dies hat zwar bei dieser Reisebeschreibung nicht viel zu sagen, aber es drückt sich doch aus und wird empfunden.

Leben Sie recht wohl und genießen Sie heitere Tage.

Sch.

39.

Weimar, den 10. März 1802.

Indem Sie in Jena sich unter den Freunden wohl befinden und gar nicht unrecht daran thun, zu leben und zu genießen, habe ich mich hier ganz zu Hause gehalten und bin nicht unthätig gewesen, wiewohl ich von meinem Thun noch lange keine Rechenschaft geben kann. Ein mächtiger Interesse als der Warbeck hat mich schon seit sechs Wochen beschäftigt und mit einer Kraft und Innigkeit angezogen, wie es mir lange nicht begegnet ist. Noch ist zwar bloß der Moment der Hoffnung und der dunkeln Ahnung, aber er ist fruchtbar und viel-

Schiller an Goethe.

versprechend, und ich weiß, daß ich mich auf dem rechten Weg befinde.

Von der hiesigen Welt kann ich Ihnen also wenig berichten, da ich niemand gesehen. Ich höre, daß Wieland sich hat bereden lassen den Jon des Euripides zu übersetzen, und daß man ganz erstaunliche Entdeckungen macht, wie viel hinter diesem griechischen Jon steckt.

Der fünfte März ist mir glücklicher vorüber gegangen als dem Cäsar der fünfzehnte, und ich höre von dieser großen Angelegenheit gar nichts mehr. Hoffentlich werden Sie bei Ihrer Zurückkunft die Gemüter besänftigt finden. Wie aber der Zufall immer naiv ist und sein mutwilliges Spiel treibt, so hat der Herzog den Bürgermeister den Morgen nach jenen Geschichten wegen seiner großen Verdienste zum Rat erklärt. Auch wird heute auf dem Theater Üble Laune von Kotzebue dargestellt.

Ich lese jetzt eine Geschichte der Päpste von einem Engländer, der selbst Jesuit war, und der, indem er sich von den Grundfesten des Papsttums aus den Quellen zu unterrichten suchte, auf diesem Wege, wo er sich in seinem Glauben zu befestigen meinte, das Gegenteil gefunden hat, und der nun seine Gelehrsamkeit gegen das Papsttum anwendet. Es ist, ungeachtet der flachen Behandlung, eine durch ihre Konsequenz sehr anziehende Geschichte, unendlich mannigfaltig, weil sie sich mit allem verschlingt, und doch wieder auf eine fruchtbare Art identisch, weil alles Individuelle selbst in der idealen Einheit sich verliert.

Leben Sie recht wohl und fördern Ihr Geschäft, daß wir uns bald wieder Ihrer Gegenwart erfreuen.

Sch.

40.

2. Oktober 1803.

Diesen Vormittag gehe ich nach Jena, weil meine Schwiegermutter auch diesen Weg macht; ich nehme einen großen Eindruck mit und über acht Tage bei der zweiten Vorstellung werde ich Ihnen etwas darüber sagen können. Es ist keine Frage, daß der Julius Cäsar alle Eigenschaften hat, um ein Pfeiler des Theaters zu werden: Interesse der Handlung, Abwechslung und Reichtum, Gewalt der Leidenschaft und sinnliches Leben vis à vis des Publikums—und der Kunst gegenüber hat er alles, was man wünscht und braucht. Alle Mühe, die man also dran wendet, ist ein reiner Gewinn, und die wachsende Vollkommenheit bei der Vorstellung dieses Stücks muß zugleich die Fortschritte unsers Theaters zu bezeichnen dienen.

Für meinen Tell ist mir das Stück von unschätzbarem Wert; mein Schifflein wird auch dadurch gehoben. Er hat mich gleich gestern in die thätigste Stimmung gesetzt.

Auf den Donnerstag spätestens denke ich Sie wieder hier zu sehen. Wollen Sie die Güte haben und mir zwei Zeilen an Trapizius mitgeben, wegen Ihrer Zimmer? Ich entgehe durch diesen Ausweg der Verlegenheit bei den Freunden zu logieren, wo ich meine Freiheit und meinen Zweck verlieren würde.

Was mache ich mit den zwei Bänden Bücherkatalog? Soll ich sie in Ihrem Namen der Bibliothek zurückgeben?

Leben Sie recht wohl und mögen Ihnen diese Wochen die besten Gedanken erscheinen.

Um 10 Uhr wünschte ich wegzufahren.   Sch.

Schiller an Goethe.

40.

Weimar, ten 21. Dezember 1803.

Der rasche und wirklich anstrengende Wechsel von produktiver Einsamkeit und einer heterogenen Sozietäts-Zerstreuung hat mich in dieser letzten Woche so ermüdet, daß ich durchaus nicht zum Schreiben kommen konnte, und es meiner Frau überließ Ihnen eine Anschauung von unsern Zuständen zu geben.

Frau von Staël wird Ihnen völlig so erscheinen, wie Sie sie sich a priori schon konstruiert haben werden; es ist alles aus Einem Stück und kein fremder und pathologischer Zug an ihr. Dies macht, daß man sich trotz des immensen Abstandes der Naturen und Denkweisen vollkommen wohl bei ihr befindet, daß man alles von ihr hören und ihr alles sagen mag. Die französische Geistesbildung stellt sie rein und in einem höchst interessanten Lichte dar. In allem was wir Philosophie nennen, folglich in allen letzten und höchsten Instanzen, ist man mit ihr im Streit und bleibt es trotz alles Redens. Aber ihr Naturell und Gefühl ist besser als ihre Metaphysik, und ihr schöner Verstand erhebt sich zu einem genialischen Vermögen. Sie will alles erklären, ausmessen, sie statuiert nichts Dunkles, Unzugängliches, und wohin sie nicht mit ihrer Fackel leuchten kann, da ist nichts für sie vorhanden. Darum hat sie eine horrible Scheu vor der Idealphilosophie, welche nach ihrer Meinung zur Mystik und zum Aberglauben führt, und das ist die Stickluft, wo sie umkommt. Für das, was wir Poesie nennen, ist kein Sinn in ihr; sie kann sich von solchen Werken nur das Leidenschaftliche, Rednerische und Allgemeine zueignen, aber sie wird nichts Falsches schätzen, nur das Rechte nicht immer erkennen. Sie ersehen aus diesen paar Worten, daß die Klarheit, Entschiedenheit und geistreiche Lebhaftigkeit ihrer Natur nicht anders als wohlthätig wirken können. Das einzige Lästige ist die ganz ungewöhnliche Fertigkeit ihrer Zunge, man muß sich ganz in ein Gehörorgan verwandeln um ihr folgen zu können. Da sogar ich, bei meiner wenigen Fertigkeit im französisch reden, ganz leidlich mit ihr fortkomme, so werden Sie, bei Ihrer größern Übung, eine sehr leichte Kommunikation mit ihr haben.

Mein Vorschlag wäre, Sie kämen den Sonnabend herüber, machten erst die Bekanntschaft und gingen dann den Sonntag wieder zurück, um Ihr Jenaisches Geschäft zu vollenden. Bleibt Madame Staël länger als bis Neujahr, so finden Sie sie hier, und reist sie früher ab, so kann sie Sie ja in Jena vorher noch besuchen. Alles kommt jetzt darauf an, daß Sie eilen, eine Anschauung von ihr zu bekommen, und sich einer gewissen Spannung zu entledigen. Können Sie früher kommen als Sonnabends, desto besser.

Leben Sie recht wohl. Meine Arbeit hat in dieser Woche freilich nicht viel zugenommen, aber doch auch nicht ganz gestockt. Es ist recht schade, daß uns diese interessante Erscheinung zu einer so ungeschickten Zeit kommt, wo bringendere Geschäfte, die böse Jahreszeit und die traurigen Ereignisse über die man sich nicht ganz erheben kann, zusammen auf uns drücken.

Sch.

III.
Schiller an Charlotte von Lengefeld.

1.

Sie können sich nicht herzlicher nach Ihren Bäumen und schönen Bergen sehnen, mein gnädiges Fräulein, als ich — und vollends nach denen in Rudolstadt, wohin ich mich jetzt in meinen glücklichsten Augenblicken im Traume versetze. Man kann den Menschen recht gut sein, und doch wenig von ihnen empfangen; dieses, glaube ich, ist auch Ihr Fall; jenes beweist ein wohlwollendes Herz, aber das letztere einen Charakter. Edle Menschen sind schon bei dem Glücke sehr nahe, wenn nur ihre Seele ein freies Spiel hat; dieses wird oft von der Gesellschaft (ja oft von guter Gesellschaft) eingeschränkt; aber die Einsamkeit giebt es uns wieder, und eine schöne Natur wirkt auf uns wie eine schöne Melodie. Ich habe nie glauben können, daß Sie in der Hofluft sich gefallen; ich hätte eine ganz andre Meinung von Ihnen haben müssen, wenn ich das geglaubt hätte. Verzeihen Sie mir; so eigenliebig bin ich, daß ich Personen, die mir teuer sind, gern meine eigne Denkungsart unterschiebe.

Heute würde ich mir die Erlaubnis von Ihnen ausbitten, Sie besuchen zu dürfen; aber ich bin schon von gestern her engagiert, eine Partie Schach an Frau von Koppenfels zu verlieren. Wie sehr wünschte ich nun, daß Sie eine Besuch-Schuld an sie abzutragen hätten, und daß Ihr Gewissen Sie antriebe, es heute zu thun. Die Tage haben für mich einen schönern Schein, wo ich hoffen kann, Sie zu sehen, und schon die Aussicht darauf hilft mir einen traurigen ertragen. Von Wolzogen habe ich gestern einen Brief erhalten, der jetzt in dem traurigen Stuttgart die angenehmen Stunden in der Erinnerung wiederholt, die er, und vorzüglich in Rudolstadt, genossen hat. An Frau von Kalb habe ich von Ihnen eine Empfehlung bestellt. In das Stammbuch will ich morgen schreiben. Leben Sie recht wohl.

Schiller.

2.

Wahrhaftig, gnädiges Fräulein, Sie handeln auch sehr grausam an der armen Komödie, daß Sie sie gerade in dasjenige Licht stellen, wo sie sich am allerkläglichsten ausnimmt, nämlich in eine Alternative mit Ihnen. Es könnte mich beinahe ärgern, daß sie nicht besser ist, oder daß es nicht irgend sonst eine Freude giebt, um Ihnen zeigen zu können, wie gern ich sie für das größere Vergnügen versäume, um Sie zu sein. Hier könnten Sie mich zwar erinnern, wie lange Sie schon hier sind, und wie wenig ich mir dennoch Ihren Aufenthalt zu Nutze gemacht habe; aber glauben Sie mir für jetzt, daß dieses letztere das erste so wenig umstößt, daß ich vielmehr, wenn ich mich selbst gewissenhaft darum befrage, eins durch das andere erklären muß. Mein Aufenthalt in Rudolstadt (worauf ich mich freue, wie ich mich noch auf wenige Dinge gefreut habe), soll mich für das Versäumte schadlos halten, wenn anders eine Versäumung von dieser Art nachgeholt werden kann; und alsdann, gnädiges Fräulein, hoffe ich Sie auch zu überzeugen, wie wenig meine bisherige seltene Erscheinung bei Ihnen, der Unfähigkeit zuzuschreiben war, den Wert Ihres Umgangs zu empfinden. Ich fühle, daß dieses Billet Ihnen nicht ganz verständlich sein wird; aber das

Schiller an Charlotte von Lengefeld.

hat auch sein Gutes; Sie werden dadurch gezwungen sein, es noch einmal zu durchlesen, und um so weniger wird Ihnen dasjenige entgehen, wovon ich Sie vorzüglich überzeugen wollte—meine ehrerbietigste Achtung für Sie.

Eben zieht mich ein Schlitten ans Fenster, und wie ich hinaussehe, sind Sie's. Ich habe Sie gesehen, und das ist doch etwas für diesen Tag. Doch da Sie nunmehr schwerlich mehr allein sein werden, so muß ich dieses Billet bis morgen früh ersparen.

Schiller.

3.

Wie haben Sie denn heute Nacht in Ihrem zierlichen Bette geschlafen? Hat der süße Schlaf Ihre lieben, holden Augenlieder besucht? Sagen Sie mir's in ein paar geflügelten Worten—aber ich bitte Sie, daß Sie mir Wahrheit verkündigen. Lügen werden Sie nicht sagen, denn Sie sind viel zu verständig.

Es ist heute wieder ein gar schöner Tag, und er würde noch einmal so schön sein, wenn Sie recht heiter aufgestanden wären, und sich mit uns desselben freuen wollten. Sind Sie aber noch nicht ganz gut und nicht frei genug um den Kopf, um sich mit sich selbst zu beschäftigen, oder zerstreut Sie vielleicht Gesellschaft, so lassen Sie mich's wissen, und wir leben dann den Tag so miteinander hin—schwatzen, lesen und freuen uns, daß wir zusammen in der Welt sind.

Was macht Ihre Schwester? Klappert der Pantoffel schon um ihre zierlichen Füße, oder liegt sie noch im weichen, schön=geglätteten Bette? Adieu. Sind Sie noch nicht aufgestan=den, so lassen Sie mich nur mündlich wissen, wie Sie die Nacht zugebracht haben. Lassen Sie auch den Garten aufschließen, ich habe eine Versuchung darin herumzuwandeln. Leben Sie recht wohl.

S.

4.

Nein gewiß! Wir wollen uns diesen Sommer und diesen Frühling nicht reuen lassen, ob er gleich vergangen ist; er hat unsere Herzen mit schönen, seligen Empfindungen bereichert, er hat unsere Existenz verschönert und das Eigentum unserer Seele vermehrt. Mich machte er glücklicher als die mehrsten die ihm vorhergegangen sind; er wird mir noch wohlthun in der Erinnerung, und die liebe, holde Notwendigkeit, denke ich, soll ihn noch oft und immer schöner für mich wiederbringen. Dank Ihnen für so viele Freuden, die Ihr Geist und Herz und Ihre liebevolle Teilnahme an meinem Wesen mich hat genießen lassen. Lassen Sie der schönen Hoffnung uns freuen, daß wir etwas für die Ewigkeit angelegt haben. Diese Vorstellung habe ich mir frühe von unserer Freundschaft gebildet, und jeder neue Tag hat ihr mehr Licht und Gewißheit bei mir gegeben.

Ich bin heute recht wohl auf, ob ich gleich eigentlich nichts habe arbeiten können. Nach Tische sehen wir uns.

S.

5.

Weimar, d. 11. Dec. 1788.

In diesem grimmkalten Wetter habe ich Sie schon öfters bedauert. Ich weiß, wie ungern Sie sich in Ihr Zimmer einsperren lassen, und daß freie Luft und heiterer Himmel gewissermaßen zu Ihrem Leben gehört. Die schönen Berge werden jetzt traurig um Rudolstadt liegen, aber auch in dieser traurigen Einförmigkeit immer groß—und daß ich sie nur vor

Schiller an Charlotte von Lengefeld.

meinem Fenster hätte! Mir macht dieses winterliche Wetter mein Zimmer und meinen stillen Fleiß desto lieber und leichter, und läßt mich die Entbehrungen, die ich mir auflegen muß, desto weniger empfinden.

Der Donnerstag setzt mich immer in gute Laune, weil mir ein gewisses Vergnügen aufbewahrt ist. Überhaupt sollte man sich immer einen Tag oder mehrere in der Woche, mit irgend einer periodisch zurückkehrenden und fortdauernden Freude bezeichnen. Das Leben verfließt dann so angenehm —es macht einen künstlichen Pulsschlag in unserm Dasein, und wie von einer schönen Treppe zur andern schreitet Leben und Hoffnung darauf weg.

Leben Sie einstweilen wohl. Heute erhalte ich Ihre Briefe. Dann setz' ich noch etwas hinzu.

S.

6.

Weimar, den 28. Dec. 1788.

Sehr lang ist mir die Zeit geworden, die mir kein Lebenszeichen von Ihnen gebracht hat. Ich habe das Unglück zwar schon von weitem geahnt, weil die Kälte gar zu streng war, aber es ist doch, als sollte es nicht sein, daß wir so lange nichts von einander hören, und es ist recht gut, daß es so ist!

Für die mannigfaltigen interessanten Nachrichten, die Sie mir beide von Ihren Beschäftigungen geben, kann ich Ihnen nichts Ähnliches erwidern, denn meine Existenz war bisher noch die alte, Arbeit ohne Geistesgenuß. Das Dringendste ist seit gestern vorbei, und nun werde ich auch mehr Menschen sehen.

Aber Eine Nachricht von mir kann und muß ich Ihnen

doch geben, weil sie leider eine meiner schönsten Hoffnungen
für eine Zeitlang zu Grunde richten wird. Es ist beinahe
schon richtig, daß ich als Professor der Geschichte künftiges
Frühjahr nach Jena gehe. So sehr es im ganzen mit
meinen Wünschen übereinstimmt, so wenig bin ich von der
Geschwindigkeit erbaut, womit es betrieben wird; aber der
Abgang Eichhorns machte es in mehrerem Betracht not=
wendig. Ich selbst habe keinen Schritt in der Sache gethan,
habe mich aber übertölpeln lassen; und jetzt, da es zu spät
ist, möchte ich gerne zurücktreten. Man hatte mich vorher
sondiert, und gleich den Tag darauf wurde es an unsern
Herzog nach Gotha geschrieben, der es an dem dortigen Hof
gleich einleitete. Jetzt liegt es schon in Coburg, Meiningen
und Hilburghausen, und ist vielleicht in drei Wochen ent=
schieden.

Also die schönen paar Jahre von Unabhängigkeit, die ich
mir träumte, sind dahin; mein schöner künftiger Sommer in
Rudolstadt ist auch fort; und dies alles soll mir ein heilloser
Katheder ersetzen! Das Beste an dieser Sache ist doch immer
die Nachbarschaft mit Ihnen. Ich rechne darauf, daß Sie
mir diesen Sommer eine himmlische Erscheinung in Jena
sein werden, weil ich das erste Jahr zu viel zu thun und zu
lesen habe, um noch etwas Zeit für die Wünsche meines
Herzens übrig zu behalten. Dafür verspreche ich Ihnen, die
folgenden Jahre Ihnen diesen Liebesdienst wett zu machen.
Ist für mich nur erst ein Jahr überstanden, so liest's sich
alsdann im Schlafe, und ich habe meine Seele wieder frei.
Versprechen Sie mir in Ihrem nächsten Briefe, mir diesen
Wunsch zu erfüllen.

Goethe habe ich unterdessen einmal besucht. Er ist bei

dieser Sache äußerst thätig gewesen, und zeigt viele Teil=
nehmung an dem, was er glaubt, daß es zu meinem Glücke
beitragen würde. Knebel, dem er es entdeckt hat, war ver=
mutlich just in seiner teilnehmendsten Laune, denn ich höre,
daß es ihn sehr freuen soll. Ob es mich glücklich macht, wird
sich erst in ein paar Jahren ausweisen. Doch habe ich keine
üblen Hoffnungen. Werden Sie mir nun auch noch gut
bleiben, wenn ich ein so pedantischer Mensch werde, und am
Joch des gemeinen Besten ziehe? Ich lobe mir doch die
goldene Freiheit. In dieser neuen Lage werde ich mir selbst
lächerlich vorkommen. Mancher Student weiß vielleicht
schon mehr Geschichte als der Herr Professor. Indessen denke
ich hier wie Sancho Pansa über seine Statthalterschaft:
wem Gott ein Amt giebt, dem giebt er auch Verstand; und
habe ich nur erst die Insel, so will ich sie regieren wie ein
Daus! Wie ich mit meinen Herren Collegen, den Professoren,
zurecht komme, ist eine andre Frage.

Genug von dieser Materie. Ich schriebe Ihnen gern recht
viel, aber es ist zwei Uhr nach Mitternacht. Ich mußte
diesen Abend bei einem Souper sein, und weil ich fürchtete,
morgen zu spät geweckt zu werden, so schreibe ich lieber noch
diese Nacht. Frau von Stein sehe ich morgen; neulich war
ich auf dem Wege, da ich aber erfuhr, daß sie großen Thee
gebe, wo der Herzog auch hinkommen würde, so ging ich wieder
nach Hause.

Das nächste Mal mehr. Grüßen Sie die liebe Mutter und
Beulwitz recht schön von mir. Adieu. Adieu. Schlafen Sie
recht wohl.

Schiller.

7.

Freitag Abends.

Nun habe ich meine erste Vorlesungswoche geendigt, den sechzehnten Theil von dem ganzen Wintercollegium. Das Alletagelesen scheint mich nicht zu belästigen, im Gegentheil, ich werde in einem gewissen Feuer der Arbeit dadurch erhalten, und jetzt schon glaube ich einen schnellern Gang der Zeit zu bemerken. Wie ist mir eigentlich so wohl, daß ich mich mit keinem hiesigen Menschen vermische. Der Gedanke an Euch ist meine Gesellschaft, immer gleich neu und gleich wohlthätig für mich. An diesem kurzen Bande geht mein Leben, und ich kann ihm nicht weit entfliehen, so zieht es mich an den einzigen schönen Punkt meines Lebens, ach meines ganzen Daseins! zurück.

Schulz war heute bei mir. Er ist seit 8 Tagen von seiner Pariser Reise zurück. Wolzogen hat er nicht gesprochen, aber doch hat er mir gesagt, daß ein junger Maler aus Stuttgart, Herdeloff, den ich auch kenne, ihn habe zu Wolzogen bringen wollen. Es war aber zu kurz vor Schulzens Abreise. Nun wissen wir doch, daß Wolzogen damals noch lebte, und daß er einen Landsmann gefunden hat.

Schulz weiß sehr unterhaltende Partikularitäten von dem Aufruhr in Paris zu erzählen, gebe der Himmel daß alles wahr ist, was er sagt! Ich fürchte, er übt sich jetzt im Vorlügen so lange, bis er die Sachen selbst glaubt, und dann läßt er sie drucken. Einiges was mir eben einfällt, will ich Euch zum Besten geben, Ihr könnt bei Hof damit Glück machen. Schulz beobachtete den König bei der Gelegenheit, wo ihm die Kokarde zugesteckt wurde. Er hatte sie in der

Schiller an Charlotte von Lengefeld.

einen Hand, und die andere stak in der Weste und hielt den
Hut unter dem Arme. Als nun auf einmal geklatscht wurde,
und er glaubte, daß er mitklatschen müßte, so wußte er sich
keinen Rat, denn beide Hände hatten schon ihre Verrichtung.
Er entschließt sich kurz, nimmt die Kokarde in den Mund, und
klatscht herzhaft mit. Ist das nicht eine edle Gegenwart des
Geistes für einen König von Frankreich? Ein andermal, als
er in den Wagen stieg, hielt ihn eine Höckersfrau am Arme
und sagte ihm mit Vertraulichkeit: "Eh bien, sire, à présent nous pouvons compter sur vous?" Schulz selbst
hätte gelegenheitlich mit aufgehenkt werden können. Wie er
bei dem ersten Aufruhr aus dem Palais Royal kam, kam
ihm ein Troß besoffenen Gesindels entgegen, und weil sie ihn
für einen Engländer hielten, so würdigten sie ihn, ihn an
ihrer Spitze zu sehen. Sie drangen ihm eine Flinte auf,
und erklärten ihn zu ihrem Anführer. Er mußte mit, gern
oder ungern, und zitternd trug er seine Flinte. Unterwegs
erwischen sie einige andere, die sich aber entschuldigen, weil
sie Fremde seien und mit der Sache nichts zu thun haben
wollten. "Comment," sagte einer von den Trunkenbolden,
der ein Savoyard war, "vous ne ferez rien pour l'humanité?" Und unter diesem Wortwechsel retirierte sich Freund
Schulz in der Stille und warf seine Flinte von sich. Als in
Versailles ein so erschreckliches Gebränge von Menschen war,
hatte das Volk alles was von Essen da zu finden war,
aufgebracht und aufgegessen. Über dem Tumult hatte der
König nicht gefrühstückt, und die andern hatten ihn vergessen.
Wie es gegen Mittag zuging, und die Gefahr sich gelegt
hatte, fing er an zu hungern, und einige seiner Hofleute
fragten es ihm ab. Da äußerte er denn, daß er ein

Stückchen Huhn und ein Glas guten Wein kosten möchte. Man schickte durch ganz Versailles, aber nichts war mehr zu finden. Endlich brachte man ein Stück schwarzes Brod und einige Gläser sauren Wein. Er tunkte das Brod darein und verzehrte es mit Begierde. Diese kleine Anekdote hat mich interessiert.
S.

8.

Donnerstag, 19. Nov. 1789.

Wie nahe ist mir heute das Gefühl, meine teure liebe Lotte, daß Du m i r lebst, daß ich D i r lebe, heute an dem Tage, da Du geboren bist. Dieser Tag hat auch mir meine Freude geboren, und das schöne Geschäft meines Lebens, Deine Glückseligkeit auf meinem Herzen zu tragen. O gewiß, der Dir das Leben gab rechnete auf mich, und übertrug es mir, Dir dieses Leben zu verschönern.

Wär' es der letzte Geburtstag, den wir getrennt erlebt haben! Ich traue meiner Ahnung, daß er es sein wird. Ach, es ist ein langes, langes Jahr—sollte uns dieses ohne Erfüllung vorübergehen! Nur einen heitern Blick in die Zukunft, dieses allein fehlt mir zur Freude dieses Tages. Wüßte ich nur erst mit Gewißheit die Zeit, wo unsere Glückseligkeit anfangen wird, alle Verzögerungen würde ich mit leichterem Mut ertragen.

Dienstag früh.

Diesen Augenblick meldet sich der Bote. Ich schicke Euch die Ananas, die mein Vater mir aus dem Garten der Solitüde geschickt hat. Für meinen Geburtstag war sie bestimmt und ich bestimme sie für den Deinigen, meine Lotte. Adieu, meine Liebe. Mit der morgenden Post erhaltet ihr mehr. Leb wohl, meine Lotte.
S.

IV.

Schiller an Wilhelm von Humboldt.

1.

Jena, den 9. August 1795.

Wenn Sie diesen Brief erhalten, liebster Freund, so entfernen Sie alles, was profan ist, und lesen in geweihter Stille dieses Gedicht. Haben Sie es gelesen, so schließen Sie sich mit Ihrer Frau ein und lesen es ihr vor. Es thut mir leid, daß ich es nicht selbst kann, und ich schenke es Ihnen nicht, wenn Sie einmal wieder hier sein werden. Ich gestehe, daß ich nicht wenig mit mir zufrieden bin, und habe ich je die gute Meinung verdient, die Sie von mir haben und deren Ihr letzter Brief mich versicherte, so ist es durch diese Arbeit. Um so strenger muß aber auch Ihre Kritik sein. Es mögen sich gegen einzelne Ausdrücke wohl noch Erinnerungen machen lassen, und wirklich war ich selbst bei einigen im Zweifel; auch könnte es leicht sein, daß ein anderer als Sie und ich, noch einiges deutlicher gesagt wünschte. Aber nur, was Ihnen noch zu dunkel scheint, will ich ändern; für die Armseligkeit kann ich meine Arbeit nicht berechnen.

Es ist gewiß, daß die Bestimmtheit der Begriffe dem Geschäft der Einbildungskraft unendlich vortheilhaft ist. Hätte ich nicht den sauren Weg durch meine Ästhetik geendigt, so würde dieses Gedicht nimmermehr zu der Klarheit und Leichtigkeit in einer so difficilen Materie gelangt sein, die es wirklich hat.

Tausend herzliche Grüße an Sie und Ihre Frau von uns beiden. Goethe grüßt Sie auch.

Mit herzlicher Liebe der Ihrige Schiller.

2.

Jena, den 17. Dezember 1795.

Daß Sie aufs neue an Ihren Augen leiden, lieber Freund, thut mir herzlich leid, und ich fürchte, daß gerade dieser Winter, der mehr feucht als kalt zu werden scheint, das Übel mehr unterhalten wird. Befolgen Sie also den Rat des Arztes genau. Ihrer Augen wegen bedaure ich, daß Sie den Winter nicht in der Stadt sind, wo Sie sich durch gesell= schaftliches Geschwätz, wie es auch sein möchte, hätten zerstreuen und die Augen, so wie den Geist, hätten ausruhen lassen können.

Ihren neuesten Äußerungen nach dürften wir uns also vor Ende Mai gar nicht, und auch da nicht gleich auf längere Zeit sehen, welches mir sehr leid thut. Gut ist es, daß Sie wenigstens um diese Zeit hier sein werden, wo Goethe nach Italien geht, und auch das ist gut, daß Goethe, wenn er anders nicht viel über ein Jahr ausbleibt, ein halbes Jahr nach Ihrer Abreise wieder hier sein kann, so daß ich nur den Sommer und Herbst, der immer leiblicher für die Einsamkeit ist, ganz allein sein werde. Faxit Deus.

Ich sehne mich jetzt wieder recht nach einer poetischen Arbeit; denn der Beschluß der sentimentalischen Dichter, an dem ich jetzt noch arbeite, fängt an mir zu entleiden. Ich verliere immer gegen das Ende die Geduld, wenn ich unter= brochen und, von einer äußern Notwendigkeit gescheucht, habe

arbeiten müssen. Indes war dieser letzte Aufsatz auf keine
Weise zu umgehen. Was ich unmittelbar nach demselben
vornehmen werde, weiß ich noch nicht; auf jeden Fall aber
etwas für die Horen; denn die glückliche Zeit der Freiheit
ist noch fern. Ich habe jetzt die erste Lieferung der Proper=
zischen Elegien gelesen, und mit vieler Zufriedenheit. Ob
die Wahl nicht hätte besser sein können, weiß ich nicht zu
sagen, da ich nie den ganzen Properz gelesen. Die Über=
setzung ist aber im Ganzen recht brav, und im einzelnen hoffe
ich noch Verbesserungen; denn ich habe darauf aufmerksam
gemacht. Es war auch billig, daß ich andern mittheilte, was
ich aus Ihren Bemerkungen über meine Arbeiten gelernt.

Fr. Schlegels Abhandlungen über die griechischen
Frauen, die er mir heute geschickt, habe ich zwar nur flüchtig
durchlesen. Verbessert hat er sich in dieser Arbeit merklich,
obgleich eine gewisse Schwerfälligkeit, Härte, und selbst Ver=
worrenheit ihn, wie ich fürchte, nie ganz verlassen wird. Der
Aufsatz geht Sie und Ihre Lieblingsarbeiten von zwei
Seiten sehr nahe an, und hätte auch Ihnen sollen vorbehalten
bleiben. In der Sache selbst hat er mich nicht bekehrt. Die
griechische Weiblichkeit und das Verhältnis der Geschlechter
zu einander bei diesem Volk, so wie beides in den Poeten
erscheint, ist doch immer sehr wenig ästhetisch und im Ganzen
sehr geistleer (daß es Ausnahmen gab, obgleich wenige genug,
ist natürlich). Im Homer kenne ich keine schöne Weiblichkeit;
denn die bloße Naivetät in der Darstellung macht es noch
nicht aus. Seine Nausikaa ist bloß ein naives Landmädchen,
seine Penelope eine kluge und treue Hausfrau, seine Helena
bloß eine leichtsinnige Frau, die ohne Herzenszartheit von
einem Menelaus zu einem Paris überging und sich auch, die

Furcht vor Strafe abgerechnet,-nichts daraus machte, jenen wieder gegen diesen einzutauschen. Und dann die Circe, die Kalypso! Die olympischen Frauen im Homer sind noch weniger weiblich schön. Daß die bildende Kunst schöne Weiber hervorbrachte, beweist nichts für eine schöne innere und äußere Weiblichkeit in der Natur. Hier war die Kunst schöpferisch, und ich zweifle nicht, daß ein griechischer Bildhauer, wenn er mit seinem ganzen Kunstsinn in Circassien gelebt hätte, nicht weniger weibliche Ideale gebildet haben würde. In den Tragikern finde ich wieder keine schöne Weiblichkeit, und ebenso wenig eine schöne Liebe. Die Mutter, die Töchter, die Ehefrauen sieht man wohl, und überhaupt alle dem bloßen Geschlecht anhängigen Gestalten, aber die Selbstständigkeit der reinen menschlichen Natur sehe ich mit der Eigentümlichkeit des Geschlechts nirgends verbunden. Wo Selbstständigkeit ist, da fehlt die Weiblichkeit, wenigstens die schöne. Von der Sappho kenne ich nur ein Stück, aber das ist sehr sinnlich. Hinter den Pythagorischen Frauen dürfte mehr stecken; hier scheint mir etwas Sentimentalisches im Spiele zu sein, und von diesen war wenigstens Geistigkeit zu erwarten, da in den andern entweder das Materielle überwiegt, oder das Moralische nicht weiblich ist, wie z. B. der spartanische Bürgergeist und die Vaterlandsliebe. Was auch an meinen Bemerkungen wahr sein mag, so werden Sie mir doch gestehen, daß es im ganzen griechischen Altertume keine poetische Darstellung schöner Weiblichkeit oder schöner Liebe giebt, die nur von fern an die Sakontala und an einige moderne Gemälde in dieser Gattung reichte. Goethe's Iphigenia, seine Elisabeth in Götz nähert sich den griechischen Frauen, aber sonst keine von

Schiller an Wilhelm von Humboldt.

seinen edlen weiblichen Figuren, und selbst seine schöne Seele ist mir lieber. Auch Shakespeare's Juliette, Fieldings Sophie Western, und andere übertreffen jede schöne Weiblichkeit im Altertume weit.

Adieu lieber Freund. An Li von uns Beiden herzliche Grüße.

Sch.

3.

Weimar, ten 17. Februar 1803.

Lassen Sie mich, mein teurer Freund, meinen ersten Brief, den ich Ihnen nach Rom schreibe, nicht mit Entschuldigungen beginnen, die immer ein böses Zeichen sind. Verzeihen Sie mein langes Stillschweigen und strafen Sie mich nicht durch das Ihrige. Es macht uns herzliche Freude, Sie nun in Rom leidlich etabliert zu sehen, es wird nach und nach schon werden, denn der Mensch und der deutsche besonders, bildet sich seine Welt, und was keine Bildung annimmt, lernt er ertragen. Denken Sie in Ihrem milden Klima an unseren eisernen Himmel; indem ich Ihnen schreibe, liegt alles von Schnee begraben, und es sieht aus als wenn es in Ewigkeit nicht wieder Sommer werden könnte—dennoch leben auch wir, ja wir tragen mitten im Winter Blumen und Früchte. Ich habe vor achtzehn Tagen meine Tragödie geendigt, eine Abschrift davon, die ich Ihnen in vierzehn Tagen absende, soll mein langes Stillschweigen ein wenig entschuldigen. Mein erster Versuch einer Tragödie in strenger Form wird Ihnen Vergnügen machen, Sie werden daraus urteilen, ob ich, als Zeitgenosse des Sophokles, auch einmal einen Preis davon getragen haben möchte. Ich habe es nicht vergessen, daß Sie mich den modernsten aller neuen Dichter genannt und mich

L

also im größten Gegensatz mit allem was antik heißt, gedacht haben. Es sollte mich also doppelt freuen, wenn ich Ihnen das Geständnis abzwingen könnte, daß ich auch diesen fremden Geist mir habe zu eigen machen können. Ich will indes nicht leugnen, daß mir, ohne eine größere Bekanntschaft, die ich indes mit dem Aeschylus gemacht, diese Versetzung in die alte Zeit schwerer würde angekommen sein. Vielleicht ist Ihnen nicht bekannt, daß eine Übersetzung des Prometheus, der Sieben von Theben, der Perser und der Eumeniden von Stolberg, noch in seiner bessern Zeit gemacht, jetzt herausgekommen. Ich kann nicht leugnen, sie hat mir einen hohen Eindruck von Aeschylus gemacht, wie viel auch von seinem Geist mag verloren gegangen sein. Jetzt höre ich wird Jacobs in Gotha den ganzen Aeschylus in deutscher Übersetzung liefern.

Es ist jetzt ein so kläglicher Zustand in der Poesie der Deutschen und Ausländer, daß alle Liebe und aller Glaube dazu gehört, um noch an ein Weiterstreben zu denken und auf eine bessere Zeit zu hoffen. Die Schlegel und Tieckische Schule erscheint immer hohler und fratzenhafter, währenddes sich ihre Antipoden immer platter und erbärmlicher zeigen, und zwischen diesen beiden Formen schwankt nun das Publikum. An ein Zusammenhalten zu einem guten Zweck ist nicht zu denken. Jeder steht für sich und muß sich seiner Haut wie im Naturstande wehren.

Es ist zu beklagen, daß Goethe sein Hinschlendern so überhand nehmen läßt und, weil er abwechselnd alles treibt, sich auf nichts energisch koncentriert. Er ist jetzt ordentlich zu einem Mönch geworden und lebt in einer bloßen Beschaulichkeit, die zwar keine abgezogene ist, aber doch nicht nach außen produktiv wirkt. Von dem was er treibt wird er Ihnen selbst Nachricht gegeben haben. Wenn Goethe noch einen Glauben an die Möglichkeit von etwas Gutem und eine Konsequenz in seinem Thun hätte, so könnte hier in Weimar noch manches realisiert werden, in der Kunst überhaupt und besonders im Dramatischen. Es entstände doch etwas, und die unselige Stockung würde sich geben. Allein kann ich nichts machen; oft treibt es mich, mich in der Welt nach einem andern Wohnort und Wirkungskreis umzusehen; wenn es nur irgendwo leidlich wäre, ich ginge fort.

Leider ist Italien, und Rom besonders, kein Land für mich; das Physische des Zustands würde mich drücken und das ästhetische Interesse mir keinen Ersatz geben, weil mir das Interesse und der Sinn für die bildenden Künste fehlt. Sie selbst, mein Freund, würden es ohne bestimmte Berufsgeschäfte schwerlich lange in Italien aushalten.

Es ist eigen, wie wir seit dem Jahre 1794 und 1795, wo wir in Jena zusammen philosophierten und uns durch eine Geistesreibung elektrisierten, aus einander verschlagen worden sind: jene Zeiten werden mir ewig unvergeßlich sein, und ob ich mich gleich in dieser Zeit in die erfreulichere poetische Thätigkeit versetzt habe, und mich im ganzen auch körperlich gesünder fühle, so kann ich Ihnen doch versichern, teurer Freund, daß Sie mir fehlen und daß ich mich aus Mangel einer solchen Geistesberührung, als damals zwischen uns war, um so viel älter geworden fühle.

3. März.

Dieser Brief hat eine schwermütige Stimmung, ich thäte vielleicht besser, ihn nicht abzusenden, aber er wird Ihnen doch mein Andenken zurückbringen und mich in Ihre Mitte verseßen. Lolo wird das Weitere von unsern Zuständen schreiben. Sie werden gelacht haben, da Sie von unserer Standeserhöhung hörten; es war ein Einfall von unserem Herzog, und da es geschehen ist, so kann ich es um der Lolo und der Kinder willen mir auch gefallen lassen.

Die gute Karoline möge mich nicht vergessen! Und Sie, teurer Freund, erhalten mir Ihre Liebe. Ihr

Sch.

4.

Weimar, den 2. April 1805.

Ich könnte es vor dem Himmel nicht verantworten, teurer Freund, wenn ich die schöne Gelegenheit, die sich mir darbietet, Ihnen ein Wort des Andenkens zu sagen, unbenußt ließe. Ist es gleich eine unendlich lange Zeit, daß ich Ihnen nicht eine Zeile gesagt, so kommt es mir doch vor, als ob unsere Geister immer zusammenhingen, und es macht mir Freude zu denken, daß ich mich auch nach dem längsten Stillstande mit gleichem Vertrauen, wie da, wie wir noch zusammen lebten, an Ihr Herz legen kann. Für unser Einverständnis sind keine Jahre und keine Räume; Ihr Wirkungskreis kann Sie nicht so sehr zerstreuen und der meinige mich nicht so sehr vereinseitigen und beschränken, daß wir einander nicht immer in dem Würdigen und Rechten begegnen sollten. Und am Ende sind wir ja beide Idealisten und würden uns schämen, uns nachsagen zu lassen, daß die Dinge uns formten, und nicht wir die Dinge.

Daß ich in dieser langen Zeit unseres stockenden Briefwechsels auf meine Art thätig war, wissen Sie und haben es, wie ich denke, gelesen. Ich wünschte auch von Ihnen selbst zu hören, wie Sie mit meinem Tell zufrieden sind, es ist ein erlaubter Wunsch; denn bei Allem, was ich mache, denke ich, wie es Ihnen gefallen könnte. Der Ratgeber und Richter, der Sie mir oft in der Wirklichkeit waren, sind Sie mir in Gedanken auch noch jetzt, und wenn ich mich, um aus meinem Subjekt herauszukommen, mir selbst gegenüber zu stellen versuche, so geschieht es gerne in Ihrer Person und aus Ihrer Seele.

Noch hoffe ich in meinem poetischen Streben keinen Rückschritt gethan zu haben, einen Seitenschritt vielleicht, indem es mir begegnet sein kann, den materiellen Forderungen der Welt und der Zeit etwas eingeräumt zu haben. Die Werke des dramatischen Dichters werden schneller, als alle andern, von dem Zeitstrom ergriffen, er kommt, selbst wider Willen, mit der großen Masse in eine vielseitige Berührung, bei der man nicht immer rein bleibt. Anfangs gefällt es den Herrscher zu machen über die Gemüter, aber welchem Herrscher begegnet es nicht, daß er auch wieder der Diener seiner Diener wird, um seine Herrschaft zu behaupten; und so kann es leicht geschehen sein, daß ich, indem ich die deutschen Bühnen mit dem Geräusch meiner Stücke erfüllte, auch von den deutschen Bühnen etwas angenommen habe.

Seit dem Tell haben Krankheiten und Zerstreuungen meine Thätigkeit öfters unterbrochen; eine Reise nach Berlin im vorigen Frühjahr, darauf im Sommer eine heftige Krankheit und dieser furchtbar angreifende Winter haben mich ziemlich von meinem Ziel verschlagen. An Vorsätzen und Entwürfen fehlte es zwar nicht, aber ich schwankte zu lange hin und her und habe mich erst seit einigen Monaten für eine neue Tragödie entschieden, die mich wohl bis Ende dieses Jahres beschäftigen wird. Um diesen Winter doch nicht ganz unthätig zu sein, habe ich, da ich nichts Eigenes machen konnte, die **Phädra** von Racine übersetzt und spielen lassen, und diese nicht so ganz leichte Arbeit hat mir eine angenehme Übung gegeben. Zur Ankunft unserer Erbprinzessin machte ich ein kleines Vorspiel, das ich Ihnen hier beilege. Es ist ein Werk des Moments und im Verlauf einiger Tage ausgedacht, ausgeführt und dargestellt worden. Eine Sammlung meiner Theaterstücke, womit diesen Sommer der Anfang gemacht wird, wird mit diesem Vorspiel, **Don Carlos** und der **Jungfrau von Orleans** eröffnet.

Goethe war diesen Winter wieder sehr krank und leidet noch an den Folgen. Alles rät ihm, ein milderes Klima zu suchen und besonders dem hiesigen Winter zu entfliehen. Ich liege ihm sehr an, wieder nach Italien zu gehen, aber er kann zu keinem Entschluß kommen, er fürchtet die Kosten und die Mühseligkeiten. Unter diesen Umständen hat er freilich nicht viel im Poetischen leisten können, aber Sie wissen, daß er nie unthätig und sein Müßiggang nur ein Wechsel der Beschäftigung ist. Er hat in diesem Winter eine ungedruckte und geistreiche Satire von Diderot übersetzt, die diesen Sommer bei Göschen herauskommt. Auch ist er mit Herausgabe ungedruckter Briefe von Winckelmann beschäftigt, und zuweilen ließ er sich auch mit vieler guter Laune in der Literaturzeitung hören. Er wird, wenn es irgend seine Gesundheit erlaubt, Ihnen gewiß auch mit dieser Gelegenheit schreiben. Wir sahen uns diesen Winter selten, weil wir beide das Haus nicht verlassen durften.

Daß ich Anträge gehabt, mich in Berlin zu fixieren, wissen Sie, und auch daß mich der Herzog von Weimar in die Umstände gesetzt hat, mit Aisance hier zu bleiben. Da ich

nun auch für meine dramatischen Schriften mit Cotta und
den Theatern gute Akkorde gemacht, so bin ich in den Stand
gesetzt, etwas für meine Kinder zu erwerben, und ich darf
hoffen, wenn ich nur bis in mein funfzigstes Jahr so fortfahre,
ihnen die nötige Unabhängigkeit zu verschaffen. Sie sehen,
daß ich Sie ordentlich wie ein Hausvater unterhalte, aber ein
solches Häuflein von Kindern wie ich um mich habe, kann
einen wohl zum Nachdenken bringen.

Übrigens leben wir hier in einem sehr angenehmen Ver=
hältnis, und ich habe es noch keinen Augenblick bereut, daß
ich es dem Aufenthalt in Berlin vorgezogen habe. Wäre ich
freilich ein ganz unabhängiger Mensch, so würde ich dem
Süden um vier Grade näher rücken.

Von unserer literarischen Welt kann ich Ihnen wenig
berichten; denn ich lebe wenig mehr in ihr. Die spekulative
Philosophie, wenn sie mich je gehabt hat, hat mich durch ihre
hohlen Formen verscheucht, ich habe auf diesem kahlen Gefilde
keine lebendige Quelle und keine Nahrung für mich gefunden;
aber die tiefen Grund=Ideen der Idealphilosophie bleiben
ein ewiger Schatz, und schon allein um ihrentwillen muß man
sich glücklich preisen, in dieser Zeit gelebt zu haben. Um die
poetische Produktion in Deutschland sieht es aber kläglich aus,
und man sieht wirklich nicht, wo eine Literatur für die nächsten
dreißig Jahre herkommen soll. Auch nicht ein einziges neues
Produkt der Poesie weiß ich Ihnen zu nennen, was einen
neuen Namen an der Spitze trüge, und was einem Freude
machte. Dagegen regt sich die unselige Nachahmungssucht
der Deutschen mehr als jemals, eine Nachahmung, die bloß
in einem identischen Wiederbringen und Verschlechtern des
Urbildes besteht. Solcher Nachahmungen hat auch mein

Wallenstein und meine Braut von Messina vielfach hervorgebracht, aber man ist auch nicht um einen Schritt weiter gefördert.

Aber nun genug von meinen und den deutschen Angelegenheiten. Ich wünschte mir anschaulich zu machen wie Sie in Rom leben, und worin Sie leben. Der deutsche Geist sitzt Ihnen zu tief, als daß Sie irgendwo aufhören könnten, deutsch zu empfinden und deutsch zu denken.

Sagen Sie der guten Karoline meine herzlichsten Grüße, es war für mich eine schmerzliche Freude, als ich sie im vorigen Jahr hier wiedersah, und ich leugne nicht, daß ich sehr viel für sie gefürchtet. Desto inniger freuen mich nun die guten Nachrichten, die wir von ihr gehört. Auch dem Herrn Kohlrausch bitte ich mein Andenken zu erneuern.

Tausendmal umarme ich Sie, mein teurer Freund, und wünsche, daß mich dieser Brief Ihnen ganz so, wie Sie mich sonst gekannt, wieder darstellen möchte.

Sch.

Vermischte Briefe.

Schiller an Dalberg.

Euer Excellenz werden von meinen Freunden zu Mannheim meine Lage bis zu Ihrer Ankunft, die ich leider nicht mehr abwarten konnte, erfahren haben. Sobald ich Ihnen sage, ich bin auf der Flucht, sobald hab' ich mein ganzes Schicksal geschildert. Aber noch kommt das Schlimmste hinzu. Ich habe die nötigen Hülfsmittel nicht, die mich in den Stand setzten, meinem Mißgeschick Trotz zu bieten. Ich habe mich von Stuttgart, meiner Sicherheit wegen, schnell, und zur Zeit des Großfürsten, losreißen müssen. Dadurch habe ich meine bisherigen ökonomischen Verhältnisse plötzlich durchrissen, und nicht alle Schulden berichtigen können. Meine Hoffnung war auf meinen Aufenthalt zu Mannheim gesetzt; dort hoffte ich von E. E. unterstützt, durch mein Schauspiel, mich nicht nur schuldenfrei, sondern auch überhaupt in bessere Umstände zu setzen. Dies ward durch meinen notwendigen plötzlichen Aufbruch hintertrieben. Ich ging leer hinweg, leer in Börse und Hoffnung. Es könnte mich schamrot machen, daß ich Ihnen solche Geständnisse thun muß, aber ich weiß, es erniedrigt mich nicht. Traurig genug, daß ich auch an mir die gehässige Wahrheit bestätigt sehen muß, die jedem freien Schwaben Wachstum und Vollendung abspricht.

Wenn meine bisherige Handlungsart, wenn alles das, woraus E. E. meinen Charakter erkennen, Ihnen ein Zutrauen gegen meine Ehrliebe einflößen kann, so erlauben Sie mir, Sie freimütig um Unterstützung zu bitten. So höchst notwendig ich itzt des Ertrags bedarf, den ich von meinem Fiesko erwarte, so wenig kann ich ihn vor drei Wochen theaterfertig liefern, weil mein Herz so lange beklemmt war, weil das Gefühl meines Zustandes mich gänzlich von dichterischen Träumen zurückriß. Wenn ich ihn aber bis auf besagte Zeit nicht nur fertig, sondern, wie ich auch hoffen kann, würdig verspreche, so nehme ich mir daraus den Mut Euer Excellenz um gütigsten Vorschuß zu bitten, weil ich itzt vielleicht mehr als sonst durch mein ganzes Leben dessen benötigt bin. Ich hätte ungefähr noch 200 fl. nach Stuttgart zu bezahlen. Ich darf es Ihnen gestehen, daß mir das mehr Sorgen macht, als wie ich mich selbst durch die Welt schleppen soll. Ich habe so lange keine Ruhe, bis ich mich von der Seite gereinigt habe.

Dann wird mein Reisemagazin in acht Tagen erschöpft sein. Noch ist es mir gänzlich unmöglich mit dem Geiste zu arbeiten. Ich habe also gegenwärtig auch in meinem Kopf keine Ressourcen. Wenn E. E. (da ich doch einmal alles gesagt habe) mir auch hiezu 100 fl. vorstrecken würden, so wäre mir gänzlich geholfen. Entweder würden Sie dann die Gnade haben, mir den Gewinnst der ersten Vorstellung meines Fiesko mit aufgehobenem Abonnement zu versprechen, oder mit mir über einen Preis übereinkommen, den der Wert meines Schauspiels bestimmen würde.

In beiden Fällen würde es mir ein Leichtes sein (wenn meine itzige Bitte die alsdann erwachsende Summe überstiege)

beim nächsten Stück, das ich schreibe, die ganze Rechnung zu
applanieren. Ich lege diese Meinung, die nichts als inständige
Bitte sein darf, dem Gutbefinden E. E. also vor, wie ich es
meinen Kräften zutrauen kann, sie zu erfüllen.

Da mein gegenwärtiger Zustand aus dem bisherigen hell
wird, so finde ich es für überflüssig, E. E. mit einer drän=
genden Vormalung meiner Not zu quälen.

Schnelle Hülfe ist alles, was ich itzt noch denken kann.
Herr Meyer ist von mir gebeten mir den Entschluß E. E.
unter allen Umständen mitzuteilen, und Sie selbst des Ge=
schäfts mir zu schreiben zu überheben.

Mit entschiedener Achtung nenne ich mich
Euer Excellenz
wahrer Verehrer.
Fried. Schiller.

Schiller an Frau Henriette von Wolzogen.

Mannheim, den 11 August 1783.

Aus einem Tumult von Zerstreuungen fliege ich an Ihr
Herz, beste Freundin, denke mich zu Ihnen in Ihr neues
Stübchen hinein, wo auch ich vielleicht jetzt Ihr Gedanke bin,
und erzähle Ihnen mein jetziges Schicksal. Vor allem
andern tausendfachen Dank für Ihren lieben, zärtlichen
Brief. Also weiß ich gewiß, daß Ihr Herz noch für mich
das vorige ist—womit beweise ich Ihnen doch, daß es auch
das meinige bleiben wird!

Die vierzehn Tage, die ich jetzt in Mannheim zugebracht, sind beinah ganz fruchtlos für mich gewesen. Dalberg war abwesend, einige Schauspieler im Urlaub, die mehrsten Familien aufs Land ausgeflogen und eine unerträgliche, trockene Hitze verbarb mir beinah allen Genuß des Lebens. Das Theater hat mir wenig genützt, weil des Sommers wenig Stücke gegeben werden, die wichtig sind, auch ohne Schaden nicht gegeben werden können. Viel habe ich auch nicht gearbeitet, weil Zerstreuung und Hitze es mir unmöglich machte. Also die Summe vom Ganzen ist—ich habe diese Zeit über wenig gewonnen.

Dalbergs Ankunft aber scheint sehr viel für mich verändern zu wollen. Gestern traf er hier ein, und wurde gleich von meinem Hiersein benachrichtigt, das ihm höchst angenehm war. Ich traf ihn auf dem Theater, wo er mir auf die verbindlichste Art zuvorkam, und mich mit großer Achtung behandelte. Von meiner Abreise will er nichts wissen, und läßt sich sonst noch allerlei gegen mich merken, wofür ich, Gottlob! keine Ohren mehr habe. Ich war heute bei ihm, und zwar sehr lange. Der Mann ist ganz Feuer, aber leider nur Pulverfeuer, das plötzlich losgeht, aber eben so schnell wieder verpufft. Indes glaub' ich ihm herzlich gern, daß ihm mein hiesiger Aufenthalt lieb wäre, wenn er nichts aufopfern dürfte. Mein Fiesco soll gegeben werden, und man ist wirklich daran, mit Anmerkungen über das Stück bei mir einzukommen. Vielleicht arbeite ich ihn um, und setze die Vorstellung durch. Morgen wird meine Luise Millerin gelesen, in großer Gesellschaft, wobei Dalberg den Vorsitz hat, und dann wird sich's entscheiden, ob sie hier vorgestellt wird. Dalberg versprach, *mir* zu Gefallen meine Räuber

Schiller an Frau Henriette von Wolzogen. 157

und einige große Stücke spielen zu lassen, um die Stärke der
Schauspieler daraus zu beurteilen und mich in Feuer zu
setzen. Meine Räuber soll mich freuen.

An Schwan habe ich mich am meisten attachiert, und Sie,
meine Teuerste, schätzen ihn ja auch. Ihm allein habe ich
meine Millerin vorgelesen, und er ist äußerst damit zu=
frieden.

Von Wieland hat er mir Briefe gezeigt, die beweisen, daß
Wieland sehr warm für mich fühlt, und groß von mir urteilt.
Dieses letzte ist mir wegen vieler Umstände nicht gleich=
gültig. Bei Schwan habe ich auch sonst gute Bekanntschaften
gemacht.

Nach dato war ich nirgends als in Oggersheim, wo die
Kurfürstin wirklich residiert, und man mir das Schloß und
den Garten gezeigt hat. In dem Wirtshaus, wo ich im
vorigen Jahre sieben Wochen gewohnt habe, bin ich auf eine
Art empfangen worden, die mich sehr gerührt hat. Es ist
etwas Freudiges, von fremden Leuten nicht vergessen zu
werden. Die nächste Woche will ich in Gesellschaft nach
Heidelberg und Schwetzingen fahren. Mein Vater schreibt
mir heute, daß er sich Hoffnung mache, ein Rendezvous in
Bretten zu veranstalten. Von Wilhelm erwarte ich alle
Tage Briefe, vorzüglich aber von Ihnen, meine Beste.

In Absicht auf meine Aussichten mit dem hiesigen Theater
und meinen Stücken, kann Ihnen dieser Brief nicht das
Geringste bestimmen; aber in acht Tagen erfahren Sie etwas
mehr und vielleicht auch die Zeit meiner Abreise, denn nichts
in der Welt wird mich fesseln.

Schwan rät mir an, wenn meine Stücke zum Theater
gebracht werden sollten, mit Dalberg um den Preis der ersten

Vorstellung bei jedem zu accordieren, weil ich dann aus beiden
genommen 4—500 fl. würde zu ziehen haben, und dann in
einem halben Jahr das Stück zum Drucke verkaufen könnte.
Auch rät er mir beide abschreiben zu lassen, und nach Wien,
Berlin und Hamburg Exemplare davon zu versenden, wo
mir vielleicht die Theater einen Preis zuerkennen würden.
Sie wissen, meine Teuerste, wie mißtrauisch mich das widrige
Glück gegen die glänzenden Offerten gemacht hat, und werden
mir also glauben, daß ich nimmermehr darauf b a u e. Ich
bin froh, wenn ich 200 fl. für beide Stücke vom Theater
gewiß habe; doch will ich Schwans Rat sehr gerne befolgen.

Das ist also alles, was ich Ihnen jetzt von meinen An=
gelegenheiten sagen kann. Es steht noch dahin, ob Dalberg
und ich in der Hauptsache einig werden.

Aber, meine beste, liebste Freundin, wie froh will ich den
Augenblick erwarten, der mich wieder zu Ihnen zurückbringt!
Wie sehr haben Sie in meinen Augen neben diesen neuen
Bekanntschaften gewonnen! Ich will und kann auch recht
fleißig bei Ihnen arbeiten. Mein Aufenthalt in B. soll mir
von allen Seiten der vorteilhafteste bleiben. Wie viel, wie
unendlich viel haben Sie nicht schon an meinem Herzen
verbessert; und diese Verbesserung, freuen Sie sich, hat
schon einige gefährliche Proben ausgehalten. Fühlen Sie
ihn ganz, den Gedanken, denjenigen zu einem guten Menschen
gebildet zu haben und noch zu bilden, der, wenn er schlecht
wäre, Gelegenheit hätte, Tausend zu verderben. Aber wie
bringen denn S i e jetzt Ihre Tage zu? Sehr düster, sagt
mir Ihr letzter Brief. Hoffentlich ist Lotte wieder bei Ihnen
gewesen, oder wirklich noch bei Ihnen. Sollten Sie bei dieser
lieben, vortrefflichen Tochter eine Freude vermissen? Beste

Freundin, Sie haben das seltene Glück, so gute Kinder—so liebe Geschwister, und einen (wenigstens Einen) recht treuen und zärtlichen Freund zu haben; und doch sollte eine Melancholie bei Ihnen einwurzeln können? Sollten Sie—eine Christin—die es fühlt, daß der Faden unsrer Schicksale durch die Hand Gottes geht, an wahren Glückseligkeiten des Lebens verzweifeln? Nein, meine Teuerste, ich weiß, dieses thun Sie nicht; und wenn das Ihre Beruhigung vermehren kann, ich hafte Ihnen für ewige Freundschaft.

Daß Sie mich hundertmal der lieben Lotte empfehlen, versteht sich; und sagen Sie ihr auch, daß ich schon einen Brief an sie angefangen, aber wieder zerrissen habe, weil ich ihr unmöglich kalt schreiben, und die Madame * * keinen warmen sehen kann.

Grüßen Sie mir alle Plätze in Bauerbach, und lassen Sie mich jetzt Gebrauch von dem Titel machen, den Sie mir gegeben haben, und der von keinem stolzeren verdrängt werden soll. Lassen Sie, beste Mama, mich Ihren zärtlichen Sohn nennen.

Schiller.

Schiller an seine Schwester Christophine Reinwald.

Jena, d. 18. Aug. 89.

Deinen Brief, liebste Schwester, fand ich vor einigen Tagen erst bei meiner Zurückkunft von Leipzig, wo ich über eine Woche gewesen war, und in Gesellschaft meiner Dresdner Freunde wieder nach Jena zurückgekommen bin. Erst vor wenigen Stunden sind sie fort, nachdem sie sich über acht Tage

bei mir in Jena und Weimar aufgehalten. Ich mußte den
Wirt machen, weil sie ihre Wohnung bei mir nahmen, und
dies raubte mir alle Zeit, selbst zu Geschäften, daß ich seit
14 Tagen nicht einmal ein Collegium las. Dies zur Ent=
schuldigung, daß ich Deinen Brief nicht früher beantwortete.

Zu deinem vergnügten Aufenthalt in unserm Vaterlande
und im Schoß unserer Familie wünsche ich dir herzlich
Glück; daß ich noch herzlicher gewünscht hätte, diese Freude
mit euch teilen zu dürfen, wirst du mir ohne viel Versicherung
glauben. So lange bin ich schon meiner Familie entrissen, daß
ich mich beinah als allein auf der Welt betrachte, und nur
an der stillen Sehnsucht, die mich oft zu den Meinigen zieht,
noch erkenne, daß ich noch Angehörige habe. Ja, liebste
Schwester, was in meinem Vermögen steht werde ich thun,
Deinen und unsrer lieben Eltern Wunsch zu erfüllen, und
meine Familie wieder zu besuchen; in wenigen Jahren werde
ich im stande sein, dieses zu thun, und vielleicht geschieht es
alsdann in Gesellschaft einer neuen Schwester für Dich, und
einer guten Tochter, die unsern Eltern Freude machen wird.
Jetzt, in dem Augenblick, da ich dieses schreibe, habe ich die
schöne Aussicht vor mir, daß sie mein werden wird, daß ihr
Herz schon mein ist, mein Glück und die Umstände müssen
das übrige thun. Nennen kann ich sie Dir noch nicht, aber
sobald ich dieses darf, wirst Du es erfahren.

Jetzt würde eine so weite und kostbare Reise nach Schwaben
nicht nur mein Vermögen übersteigen, sondern auch auf den
Anfang meiner neuen akademischen Laufbahn einen sehr nach=
teiligen Einfluß haben. In den ersten zwei Jahren muß ich
alle meine Zeit und Kräfte zusammen nehmen, mich in den
Mittelpunkt meines neuen Fachs zu setzen, und soviel wie

möglich damit vertraut zu werden. Außerdem rauben mir schriftstellerische Arbeiten, die jetzt allein meine Einkünfte ausmachen, alle Augenblicke, die mir von Berufsgeschäften übrig bleiben. Diesen Sommer habe ich zwar nur ein einziges Collegium zur Einleitung in die Allgemeine Welthistorie gelesen, und zwar öffentlich, also ohne etwas dafür einzunehmen. Mit dem Winter aber lese ich schon zwei Collegien, die Geschichte der Römer, und die Neuere Universalhistorie, die ich alle erst neu ausarbeiten muß.

Meine Lage läßt sich übrigens gut an, und noch bis jetzt habe ich eine weit größere Anzahl Auditoren als hier irgend ein Professor hat. Behalte ich nur die Hälfte davon in Privatcollegien, so habe ich auf eine artige Einnahme zu rechnen. Freilich bezahlen mir wenige, und ein großer Teil ist zu arm, als daß man es fordern könnte. Indessen hoffe ich im nächsten Jahr fixen Gehalt zu bekommen, wenn es auch nur einige 100 Thaler sind.

Eure Briefe aus Schwaben hat mir Herr Kürzer überbracht, und mir durch seine Beschreibung nicht wenig Freude gemacht. Er ist ein braver Mensch, und ist auch ein fleißiger Zuhörer von mir gewesen. Überhaupt habe ich fast bei jeder Vorlesung Fremde zu Zuhörern gehabt, und unter diesen verschiedene berühmte Gelehrte. Dies hat mir nicht wenig Aufmunterung gegeben.

Daß Du die Nanette zu Dir nehmen willst, freut mich sehr; ich werde sie alsdann, sobald ich Haus und Herd habe, aus Deinen Händen empfangen. Deine nächste Reise, liebe Schwester, wird, wie ich hoffe, zu Deinem Bruder sein; alles was brüderliche Liebe vermag, und Jena Angenehmes hat, wirst Du bei ihm finden.

Nimmt die Post das Packet an, so lege ich etwas von meinen neuen Produkten an Dich und meinen Schwager bei. Grüße ihn herzlich und liebe wie bisher Deinen
     treuen Bruder Friedrich Schiller.

Schiller an seinen Vater.

Jena, den 13. Mai 1790.

Die Besserung meiner liebsten Mutter war mir eine unaussprechlich freudige Nachricht, und um so mehr, da ich sie kaum mehr hoffte. Auch meine liebe Lotte teilt mit mir aufs innigste diese Freude, und wir beide hoffen nun, mehr als je, daß unser herzlicher Wunsch in Erfüllung gehen, und daß wir unsre liebsten Eltern beide gesund und glücklich von Angesicht zu Angesicht sehen werden. Im nächsten Jahre hoffe ich es gewiß, und nichts soll uns davon abhalten.

In der That ist uns die Gesundheit der liebsten Mama ein wahres und ein ganz ungehofftes Geschenk des Himmels, für das wir ihm nie genug danken können. Ich hoffe nun auch sehr viel Gutes für den Bestand; da sie sich aus einer so schlimmen Krise herausgerungen hat, und ihre Kräfte nicht unterlagen, so wird sie das übrige leichter überstehen. Es würde jetzt gut sein, glaube ich, ihre erschöpften Kräfte durch eine sorgfältig gute Diät zu ersetzen, und dabei ein Infusum von China mit Wein zu gebrauchen. Vielleicht wirkt auch eine stärkende Kräuterkur, wenn sie im Stand ist, sie zu ertragen.

Schiller an seinen Vater.

Wie gerne, liebste, teuerste Eltern, folgte ich diesem Briefe, Sie jetzt mit kindlicher Freude und Liebe zu umarmen. Daß ich es nicht kann, fällt mir heute um so schmerzlicher auf, da mein Freund der Professor Paulus diesen Nachmittag nach seinem Geburtsort abgereist ist. Sein Vater liegt ohne Hoffnung darnieder und will seinen Sohn noch einmal sehen. Heute erhielt er den Brief und reiste auch sogleich ab.

Wenn es ihm irgend nur möglich ist, so wird er Sie auf der Solitüde besuchen, und Ihnen Nachrichten von mir bringen, vorzüglich aber von den Gesundheits-Umständen meiner liebsten Mutter ein Augenzeuge sein. Ist es ihm der kurzen Zeit wegen nicht möglich, Sie auf der Solitüde zu besuchen, so kommt wenigstens seine Frau nach Stuttgart und dort können Sie, oder doch Eine meiner Schwestern mit Ihnen zusammenkommen. Er wird Ihnen bald nach seiner Ankunft im Würtembergischen nähere Nachrichten schreiben. Paulus ist unter den hiesigen Professoren mein vertrautester und bester Freund, und so bin ich auch der seinige. So haben wir auch bisher, fast ganz abgesondert von den meisten übrigen, zusammen gelebt. Sie werden also von ihm sehr viel erfahren, und ihn als den Freund Ihres Sohnes lieben.

Wir beide, meine Frau und ich, befinden uns sehr wohl, und führen das glücklichste Leben. Ich habe zwar viele Arbeit, aber sie wird mir sehr versüßt durch ein schönes und ruhiges Leben. Meinen Brief, der von Rudolstadt geschrieben ist, haben Sie hoffentlich erhalten.

Meine Disputation nebst dem Übrigen habe ich richtig empfangen und danke Ihnen sehr für die Besorgung. Meine Rede, wovon Sie schreiben, würde mir auch gar lieb sein, wenn Sie sie durch Paulus mir schicken wollen.

Ich umarme Sie mit herzlicher, kindlicher Liebe. Tausend Segenswünsche für Ihre Gesundheit, tausend Grüße meinen lieben Schwestern.

Ihr gehorsamster Sohn

Fritz.

Schiller an Baggesen.

Jena, den 16ten Dec. 91.

Wie werd' ich es anfangen, mein teurer und hochgeschätzter Freund, Ihnen die Empfindungen zu beschreiben, die seit dem Empfang jener Briefe in mir lebendig geworden sind? So überrascht und betäubt, als ich durch ihren Inhalt geworden bin, erwarten Sie nicht viel Zusammenhängendes von mir. Mein Herz allein kann jetzt noch reden, und auch dieses wird von einem so kranken Kopf, als der meinige noch immer ist, nur schlecht unterstützt werden. Ein Herz, wie das Ihrige, kann ich für den liebevollen Anteil, den es an dem Schicksale meines Geistes nimmt, nicht schöner belohnen, als wenn ich das stolze Vergnügen, das Ihnen die edle und einzige Handlungsart Ihrer vortrefflichen Freunde an sich selbst schon gewähren muß, durch die fröhliche Überzeugung von einem vollkommen erfüllten wohlwollenden Zweck zu der süßesten Freude erhöhe.

Ja, mein teurer Freund, ich nehme das Anerbieten des Prinzen von H. und des Grafen S. mit dankbarem Herzen an—nicht, weil die schöne Art, womit es gethan wird, alle Nebenrücksichten bei mir überwindet, sondern darum, weil eine Verbindlichkeit, die über jede mögliche Rücksicht erhaben ist, es mir gebietet. Dasjenige zu leisten und zu sein, was

Schiller an Baggesen.

ich nach dem mir gefallenen Maß von Kräften leisten und sein kann, ist mir die höchste und unerläßlichste aller Pflichten. Aber meine bisherige äußere Lage machte mir dies schlechterdings unmöglich, und nur eine ferne, noch unsichre Zukunft macht mir beßre Hoffnung. Der großmütige Beistand Ihrer erhabenen Freunde setzt mich auf einmal in die Lage, so viel aus mir zu entwickeln als in mir liegt, mich zu dem zu machen, was aus mir werden kann—wo bliebe mir aber noch eine Wahl übrig? Daß der vortreffliche Prinz, der sich von freien Stücken entschließt, dasjenige bei mir zu verbessern, was mir das Schicksal zu wünschen übrig gelassen hat, durch die edle Art, womit er diese Sache behandelt, zugleich alle Empfindlichkeiten schont, die mir meinen Entschluß hätten schwer machen können, daß er diese wichtige Verbesserung meiner Umstände durch keinen Kampf mit mir selbst erkaufen läßt, erhöht meine Dankbarkeit unendlich, und läßt mich die Freude über das Herz ihres Urhebers vereinigt empfinden.

Eine sittlich schöne Handlung aus der Klasse derjenigen, welche diesen Brief veranlaßt, empfängt ihren Wert nicht erst von ihrem Erfolge; auch wenn sie ganz ihres Zwecks verfehlte, bleibt sie was sie war. Aber wenn die Handlung eines großdenkenden Herzens zugleich das notwendige Glied einer Kette von Schicksalen ist, wenn sie allein noch fehlte, um etwas Gutes möglich zu machen, wenn sie, die schöne Geburt der Freiheit, als wäre sie von der Vorsehung schon längst zu dieser Absicht berechnet worden, ein verworrenes Schicksal entscheidet, dann gehört sie zu den schönsten Erscheinungen, die sich einem fühlenden Herzen darstellen können. Wie sehr dieses h i e r der Fall ist, werd' ich und muß ich Ihnen sagen.

Von der Wiege meines Geistes an bis jetzt da ich dieses schreibe, habe ich mit dem Schicksal gekämpft, und seitdem ich die Freiheit des Geistes zu schätzen weiß, war ich dazu verurteilt sie zu entbehren. Ein rascher Schritt vor zehn Jahren schnitt mir auf immer die Mittel ab, durch etwas anderes als schriftstellerische Wirksamkeit zu existieren. Ich hatte mir diesen Beruf gegeben, ehe ich seine Forderungen geprüft, seine Schwierigkeiten übersehen hatte. Die Notwendigkeit ihn zu treiben, überfiel mich, ehe ich ihm durch Kenntnisse und Reife des Geistes gewachsen war. Daß ich dieses fühlte, daß ich meinem Ideale von schriftstellerischen Pflichten nicht diejenigen engen Grenzen setzte, in welche ich selbst eingeschlossen war, erkenne ich für eine Gunst des Himmels, der mir dadurch die Möglichkeit des höhern Fortschritts offen hält, aber in meinen Umständen vermehrte sie nur mein Unglück. Unreif und tief unter dem Ideale, das in mir lebendig war, sah ich jetzt alles, was ich zur Welt brachte; bei aller geahndeten möglichen Vollkommenheit mußte ich mit der unzeitigen Frucht vor die Augen des Publikums eilen, der Lehre selbst so bedürftig, mich wider meinen Willen zum Lehrer der Menschen aufwerfen. Jedes, unter so ungünstigen nur leidlich gelungene Produkt ließ mich nur desto empfindlicher fühlen, wie viel Keime das Schicksal in mir unterdrückte. Traurig machten mich die Meisterstücke anderer Schriftsteller, weil ich die Hoffnung aufgab, ihrer glücklichen Muße teilhaftig zu werden, an der allein die Werke des Genius reifen. Was hätte ich nicht um zwei oder drei stille Jahre gegeben, die ich frei von schriftstellerischer Arbeit, bloß allein dem Studieren, bloß der Ausbildung meiner Begriffe, der Zeitigung meiner Ideale hätte widmen können! Zugleich die strengen Forderungen

Schiller an Baggesen.

der Kunst zu befriedigen, und seinem schriftstellerischen Fleiß auch nur die notwendige Unterstützung zu verschaffen, ist in unsrer deutschen literarischen Welt, wie ich endlich weiß, unvereinbar. Zehn Jahre habe ich mich angestrengt, beides zu vereinigen, aber es nur einigermaßen möglich zu machen, kostete mir meine Gesundheit. Das Interesse an meiner Wirksamkeit, einige schöne Blüten des Lebens, die das Schicksal mir in den Weg streute, verbargen mir diesen Verlust, bis ich zu Anfang dieses Jahres—Sie wissen wie?— aus meinem Traume geweckt wurde. Zu einer Zeit, wo das Leben anfing, mir seinen ganzen Wert zu zeigen, wo ich nahe dabei war zwischen Vernunft und Phantasie in mir ein zartes und ewiges Band zu knüpfen, wo ich mich zu einem neuen Unternehmen im Gebiete der Kunst gürtete, nahte sich mir der Tod. Diese Gefahr ging zwar vorüber, aber ich erwachte nur zum neuen Leben, um mit geschwächten Kräften und verminderten Hoffnungen den Kampf mit dem Schicksal zu wiederholen. So fanden mich die Briefe, die ich aus Dänemark erhielt.

Verzeihen Sie mir, teurer Freund, diese Ausführlichkeit über mich selbst; ich will Sie dadurch nur in den Stand setzen, sich selbst den Eindruck zu denken, den der edelmütige Antrag des Prinzen und des Grafen S. auf mich gehabt hat. Ich sehe mich dadurch auf einmal fähig gemacht, den Plan mit mir selbst zu realisieren, den sich meine Phantasie in ihren glücklichsten Stunden vorgezeichnet hat. Ich erhalte endlich die so lange und so heiß gewünschte Freiheit des Geistes, die vollkommen freie Wahl meiner Wirksamkeit. Ich gewinne Muße, und durch sie werde ich meine verlorene Gesundheit vielleicht wieder gewinnen; wenn auch nicht, so wird künftig Trübsinn des Geistes meiner Krankheit nicht neue Nahrung geben. Ich sehe heiter in die Zukunft—und gesetzt es zeigte sich auch, daß meine Erwartungen von mir selbst nur liebliche Täuschungen waren, wodurch sich mein gedrückter Stolz an dem Schicksal rächte, so soll es wenigstens an meiner Beharrlichkeit nicht fehlen, die Hoffnungen zu rechtfertigen, die zwei vortreffliche Bürger unsres Jahrhunderts auf mich gegründet haben. Da mein Loos mir nicht verstattet, auf ihre Art wohlthätig zu wirken, so will ich es doch auf die einzige Art versuchen, die mir verliehen ist, und möchte der Keim, den sie ausstreuten, sich in mir zu einer schönen Blüte für die Menschheit entfalten.

Ich komme auf die zweite Hälfte Ihres Wunsches—teurer, vortrefflicher Freund, warum kann ich diese nicht ebenso schnell erfüllen als die erste? Unter der Unmöglichkeit, die Reise zu Ihnen sobald als Sie wünschen auszuführen, kann gewiß niemand mehr leiden als ich selbst. Urteilen Sie aus dem Bedürfnis meines Herzens nach einer schönen, veredelten Humanität, das hier so wenig befriedigt wird, mit welcher Ungeduld ich in den Kreis solcher Menschen eilen würde, als mich in Kopenhagen erwarten—wenn es hier nur auf meinen Entschluß ankäme. Aber außerdem, daß meine jetzige, noch so ganz unentschiedene Gesundheit mich nicht einmal entfernt den Zeitpunkt bestimmen läßt, wo ich eine so wichtige Veränderung mit mir vornehmen könnte, und daß ich wahrscheinlich kommenden Sommer den Gebrauch des Karlsbads werde wiederholen müssen, so stehe ich noch mit dem Herzog von Weimar, an dessen Willen es wenigstens nicht liegt, daß ich nicht einer bessern Muße genieße, in Verhältnissen, die mir auflegen, mich wenigstens noch ein Jahr als ein thätiges Mitglied der

Akademie zu bezeigen, so gewiß ich auch bin, daß ich nie ein
nützliches sein kann. Alsdann wird er aber gewiß meinem
Wunsch nicht entgegen sein, die Universität auf einige Zeit zu
verlassen. Bin ich erst bei Ihnen, so wird der Genius, der
alles Gute in Schutz nimmt, gewiß für das weitere sorgen.

Bis dahin, teurer Freund, lassen Sie uns einander so nahe
sein, als das Schicksal den Entfernten vergönnt. Mich mit
Ihnen schriftlich zu unterhalten, und meinen halberstorbenen
Geist an Ihrem frischen, feurigen Genius zu wärmen, wird
stets ein Bedürfniß meines Herzens sein. Nie so lange ich
bin, vergesse ich Ihnen den freundlichen, den wichtigen Dienst,
den Sie mir, wiewohl ohne diese Absicht, bei meinem Wieder=
eintritt ins Leben geleistet haben. Kaum fing ich an, mich
wieder etwas zu erholen, so erfuhr ich den Vorgang zu Helle=
beck und bald darauf zeigte mir Reinhold Ihre Briefe. Es
waren frische nektarische Blumen, die ein himmlischer Genius
dem kaum Erstandenen vorhielt—o ich werde es Ihnen nie
beschreiben, was Sie mir waren—und jenen Vorgang selbst!
Er war für den Abgeschiedenen bestimmt und der Lebende
wird sich nie mehr erlauben ihn zu berühren.

Verzeihen Sie diesen langen Brief, mein vortrefflicher
Freund, der leider noch dazu fast nur von mir selbst handelt.
Aber zu Eröffnung unserer Korrespondenz mag es hingehen,
damit Sie mit einem mal mit mir bekannt werden und das
Ich damit auf immer abgethan sei! Verzeihen Sie auch,
daß ich, ganz ohne alle Präliminarien, von allen Rechten der
Freundschaft gegen Sie Besitz nehme, die ich erst durch eine
Reihe von Proben verdienen lernen sollte. In einer Welt,
wie diejenige ist, aus der ich jene Briefe erhielt, gelten andere
Gesetze, als die Vorschriften einer kleinlichen Prudenz, welche

die wirkliche regieren. Ihrer teuren Sophie sagen Sie von meiner Lotte und mir alles herzliche, und daß sie sich bereit halten möge, eine Korrespondentin gütig anzuhören, die sich ihr nächstens darstellen wird. Wie zwei glänzende Erscheinungen schwebten Sie beide, schnell doch unvergeßlich, an uns vorüber. Die Gestalten sind lang verschwunden, aber noch immer folgt ihnen der Blick.

Ewig der Ihrige

Schiller.

NOTES.

[In the following Notes Sch. W. stands for "Schillers Werke, Cotta's edition in one volume;" Sch. W. H. A. for "Schillers Werke, Historische Ausgabe, edited by Karl Gödeke;" G. W. for "Goethe's Werke, Cotta's edition, in six volumes;" and H. G. P. for "Hart's Goethe's Prosa." The dates added to the names of sovereigns give the year of their accession and of their death.

SCHILLER AN KÖRNER.

1.

Page 1, l. 5. Körner's first letter to Schiller was written in June, 1784.—l. 10. *Hangen* is the older, and now rarely used form, of *hängen*. —l. 17, etc., Schiller received Körner's letter when completely overwhelmed by despair. He had suffered from a severe illness, from which he had barely recovered; he had given up his unprofitable post of *Theaterdichter* at Mannheim, was encumbered by debt, and, worst of all, had lost confidence in his genius. Körner's enthusiastic words (for which see Gen. Introd.) brought him comfort, and re-awakened his faith in himself.

Page 2, l. 10. The usual meaning of *Schäferstunde* is the *happy hour of lovers* (cf. the French, *heure du berger*). Schiller, however, uses it here in the sense of *propitious hour*.

Page 3, l. 7. Schiller refers here to the tyranny to which he was subjected at the *Karlsschule* in the time of his youth (*die Jünglingsepoche meines Lebens*), and to the events which culminated in his flight from Stuttgart.—l. 17. Among the various plans formed by Schiller for the future, was also that of going to Berlin, where his dramas had met with an enthusiastic reception.—l. 21. The *Jubilatemesse* is the most important of the three fairs annually held at Leipsic. It is held about Jubilate, the third Sunday after Easter. Cf. for the Leipsic fairs, H. G. P., p. 11, l. 1, n.

Page 4, l. 8. This *announcement* was the programme of the *Rheinische Thalia*, dated November 11. It is written in a most brilliant style, but from Schiller's letter to Körner it will be seen, how reluctantly he took up the profession of a journalist.

2.

Körner's answer to this letter is dated 11th of January. He assures Schiller of the continued friendship and confidence of his Leipsic admirers. In his reply, written in February, Schiller informs him that he has made all necessary arrangements for leaving Mannheim and that in a few weeks they will meet at Leipsic. When he arrived in that town in April, 1785, neither Schiller nor his Leipsic friends were disappointed with one another, and that friendship sprang up which lasted through their lives.—l. 27. After becoming personally acquainted, Schiller and Körner had very soon exchanged the formal *Sie* for the friendly *Du*.

Page 5, l. 3, etc. *Du—gefahren*, is an idiomatic phrase for *Du bist nur glücklicher gewesen.*—l. 4. The word *Alltag*, literally means "every day," in contradistinction to Sundays and holidays; it is used in compounds, like *Alltagsmensch, Alltagswitz*, etc., to denote something essentially commonplace.—l. 25. The writers of the *Sturm- und Drangperiode* frequently use the word *Wollust*, meaning literally "voluptuousness," in the sense of *intense happiness.*

Page 6, l. 2. When Jean Jacques Rousseau was expelled in 1765 from Neuchatel, to which place he had retired in 1762, after his banishment from France, he received a letter from the Russian Count Orloff, offering him an asylum on his estates in Russia. This letter reached him in England, to which country he had been invited by the historian David Hume. He refused the Count's offer in a polite though proud letter, giving the following as one of his reasons:— "Je craindrois d'ailleurs qu'en voyant celui que vous honorez d'une invitation, vous n'y eussiez quelque regrets: vous vous attendriez à une manière d'homme de lettres, un beau diseur, qui devrait payer en frais d'esprit et de paroles votre genereuse hospitalité, et vous n'auriez qu'un bon-homme bien simple, que son gout et ses malheurs ont rendu fort solitaire, et qui, pour tout amusement, herborisant toute la journée, trouve dans le commerce des plantes cette paix si douce à son cœur, que lui ont refusée les humains."

3.

In August, 1786, Körner's marriage with Minna took place, and, accompanied by Dora, they settled at Dresden. Schiller soon followed them, and here the greater part of *Don Carlos* was written. In the following year he went to Weimar, where Germany's greatest men were then living, and to which town he was irresistibly attracted. He arrived there July 21st, 1787.

Page 7, l. 6. *Christoph Martin Wieland* (b. 1733, d. 1813), was one of the most graceful writers of the last century. His epic poem *Oberon* is still generally read. He wrote many novels, which are chiefly distinguished by their light, graceful style. It was by means of his prose translation of Shakespeare, which was afterwards superseded by that of Schlegel and Tieck, that Shakespeare was first made popular in Germany. In 1772 he settled at Weimar, whither he was summoned by the Dowager Duchess Amalia, as tutor to the Duke Carl August, for whom she acted as Regent. Wieland was most happily married; he had fourteen children, nine of whom were living when Schiller visited him.—l. 8. The expression, *eine vorausgesetzte Bekanntschaft*, is rather peculiar; it is used to indicate that their acquaintance was an almost necessary, or self-understood fact. —l. 21. The word *Geist*, in the sense in which it is used here, has no equivalent in English, being neither *cleverness* nor *wit*, but a combination of both; it can best be rendered by its French equivalent *esprit.*—l. 22. Schiller, in his correspondence, frequently uses foreign expressions, according to the fashion of his times, as here *Materien* for *Gegenstände*. In his prose writings intended for publication, we only meet with them where they are used as purely technical terms, or where they better express his ideas than the corresponding German words would do.—l. 27. Among the most eminent of the Berlin literary men of that time were the publisher *Christoph Friedr. Nicolai* (b. 1733, d. 1811), the friend of Lessing and Moses Mendelssohn. Though his own original writings were of little importance, they attracted the satire of Schiller and Goethe. He exercised great influence on the literature of his times by the publication of the *Briefe die neueste Literatur betreffend* (1759-1766), and of the *Allgemeine deutsche Bibliothek* (1765-91), to which some of the most eminent men of his times contributed. *Karl Friedr. Ramler* (b. 1725, d. 1798), was the author of Odes in praise of Frederick the Great, but was more highly esteemed as a critic than as an original writer. *Johann Jakob Engel* (b. 1741, d. 1802), is now best remembered by his *Philosoph für die Welt*, and his novel *Lorenz Stark*. Vienna at that time possessed no men of real note, either in literature or science, as can be seen from Lessing's letters to his betrothed Frau Eva König. *Friedr. Maximilian Klinger* (b. 1752, d. 1831) is now chiefly remembered as having, by his utterly absurd drama, *Sturm und Drang*, given a name to a remarkable period in German literature. —l. 28. The two counts Stolberg, Christian (b. 1748, d. 1821), and Friedrich Leopold (b. 1758, d. 1819), of whom the latter was by far the most gifted, had in their youth been implacable haters of tyranny, and great enthusiasts for liberty. Later on they joined the anti-liberal movement, and Leopold turned Roman Catholic. The word *Renonce*, as used here, is employed in students' cant for aversion.

Page 8, l. 1. Wieland's translation of *Horace* appeared 1786, and that of Lucian's works, with notes and commentary, 1788-89.—l. 19. *Johann Gottfried Herder* (b. 1744, d. 1803) was the son of a schoolmaster in East Prussia. He studied theology, and obtained, through Goethe's influence, the office of Superintendent and Oberpfarrer, *i.e.*, the highest position as clergyman in Weimar. Among his numerous works his *Stimmen der Völker*, a collection of the popular poems of most nations, both civilised and savage, and his *Ideen zur Philosophie der Geschichte der Menschheit*, occupy the foremost rank. He also wrote numerous poems, some of which are very fine, though they are too didactic and, with the exception of his epic poem *Der Cid*, lack lyrical charm.—l. 21. *Anton Graff* (b. 1736, d. 1813), the most celebrated German portrait painter of the last century, was born at Winterthur, in Switzerland. In 1766 he settled at Dresden, where he made the acquaintance of Schiller, whose portrait he painted. He is said to have painted upwards of 1,100 portraits, among which were those of nearly all the celebrities of his time.

Page 9, l. 1. *Christian Friedrich Daniel Schubart* (b. 1743, d. 1791) was not only a poet, but also an excellent musician. In 1774 he founded at Augsburg a journal called *Die Deutsche Chronik*, but his liberal views excited the opposition of the Roman Catholic clergy, and he had to leave that town. He went to Ulm, where he continued the publication of his journal. In consequence of an epigram which he wrote on Karl Eugen, Duke of Wurtemberg, he was imprisoned in the citadel, the Hohenasperg. When released, after ten years, at the intercession of Frederick William II. of Prussia, his spirit was broken and he survived his release only four years. It was the dread of a fate like Schubart's which induced Schiller to flee from Stuttgart. Karl Eugen, Duke of Wurtemberg, had ascended the throne in 1737, when only nine years old, and was one of the most despotic rulers of his time. He is now chiefly remembered as the founder of the Karlsschule and through his relations to Schiller. He died 1793. Cf. Schiller's Letter, No. 13, p. 31.

4.

Schiller's first stay at Weimar proved far from satisfactory. Goethe and the Duke Karl August were absent, his friendly relations with Wieland had been temporarily interrupted, and he disliked the Dowager Duchess Amalia, who was then the centre of the literary society. He had almost decided to return to Dresden, but he determined first to pay a visit to Jena, which is only about twelve miles distant from Weimar. The present letter describes his impression of that place.—l. 17. Schiller stayed at the house of Karl Leonhardt Reinhold (b. 1758, d. 1823), professor of philosophy at Jena, the son-in-law of Wieland. He was an enthusiastic admirer of Kant.—l. 28. It is now more usual to use *Facten* as the plural form of *Factum* in all the cases, and not *Factis* in the dative.

Page 10, l. 1, etc. After having been very warmly received by Wieland (cp. Letter 3), Schiller was subsequently treated by him with great coolness. Körner suggested that this might have been owing to talebearers and the gossip of a small town, but Reinhold's remarks on the character of his father-in-law furnish a sufficient explanation.—l. 24. The word *Zweieinigkeit* has been formed by Schiller in analogy with *Dreieinigkeit*. It might be rendered *dualism*.

Page 11, l. 10.—At the German universities a professor is elected by the resident professors, his election is then confirmed by the Government, and the post is *offered* him; this is called *einen Ruf bekommen*.

5.

After his return to Weimar Schiller chiefly devoted himself to historical studies in preparation for his *Geschichte des Abfalls der Vereinigten Niederlande*, which he intended to publish in *Wieland's Merkur*. He also considered his historical studies imperative, as he expected "to be called" as Professor of History to Jena. Körner entreated him not to forsake his ideal, poetry, and it is in answer to this that Schiller wrote the following letter, which gives a clear insight into the state of his mind at that time.

Page 13, l. 4, etc. In a letter dated January 7, 1788, Schiller informed Körner of his plans for future work, and told him that he must endeavour to make a sufficient income to enable him to marry. Probably the acquaintance of Charlotte von Lengefeld, which he had made in December, 1787, had some influence on this decision. Körner asked him to consider well if the domestic happiness he might gain by marriage, would be an equivalent for the necessity of having to write entirely for the sake of gain.

6.

Page 14, l. 2. The first meeting between Schiller and Goethe took place in Rudolstadt, at the house of Frau von Lengefeld, the mother of Schiller's future wife. Schiller was spending the summer months in the neighbourhood.—l. 5. *Die Herder*. The feminine definite article is frequently placed before a surname to designate *the wife of...*, or *Mrs....* *Frau von Stein* (b. 1742, d. 1827) had been for nearly ten years the friend and confidante of Goethe. She was perhaps the most "spirituelle" of the many intellectual women forming at that time the court and society of Weimar. Goethe said of her: "She sees the world as it is, but through the medium of love." Frau von S. stands for Frau von Schardt, the sister-in-law of Frau von Stein.—l. 9. Goethe was in reality above the middle height, but appeared small to Schiller, who was unusually tall.

Page 15, l. 2, etc. Compare these remarks of Goethe with his *Italienische Reise, Neapel, den* 28. *Mai* 1787. H. G. P., p. 99. —l. 11. The celebrated painter Angelika Kaufmann was born in 1741 at Coire, in Switzerland. In 1766 she came to England, where she was made a member of the Royal Academy. After a stay of seventeen years in that country she retired to Rome, where she died in 1807.

7.

Page 16, l. 8, etc. Schiller devised the plot of *Die feindlichen Brüder* in Rudolstadt, in the summer of 1788. He repeatedly took up the plan, but did not finish the drama till 1803, under the name *Die*

Braut von Messina, oder die feindlichen Brüder.—l. 29. Eight years later Schiller was writing *Wallenstein*.

Page 17, l. 2. *Moment*, when referring to *time*, is now generally used in the masculine gender; it is neuter when used as a scientific term.—l. 19. This poem is *Die Künstler*, Sch. W., p. 22.

Page 18, l. 5. Schiller was appointed *Professor Extraordinarius* at Jena in December, 1788. The appointment was in the hands of the Dukes of Saxony, Weimar, Gotha, Coburg and Meiningen, under whose authority the university stood. Goethe recommended him in an official "Promemoria," laying particular stress on the fact that Schiller was willing to accept the professorship without salary. — l. 14, etc. A *Schreibkommode* is a chest of drawers, the top drawer of which is arranged as a writing-table, say, *bureau*. A *Carolin* is a little more than four dollars, and a *Groschen* is about $1\frac{1}{2}$ cents.—l. 28. Schiller had made an agreement with the publisher Johann Michael Mauke, the founder of the publishing firm of that name still flourishing in Jena, to edit the translation of the "Collection Universelles des Mémoires particuliers rélatifs à l'Histoire de France," edited by Antoine Perrin, which in German appeared under the title of : "Allgemeine Sammlung historischer Memoiren vom zwölften Jahrhundert bis auf die neuesten Zeiten durch mehrere Verfasser übersetzt, mit einer universalhistorischen Uebersicht begleitet, herausgegeben von Friedrich Schiller, Professor der Philosophie in Jena." Schiller received as editor an honorarium of 700 Thaler. For Schiller's own contributions to that work, see Sch. W. H. E., vol. 9, from p. 182 to end.

Page 19, l. 2. Before leaving Dresden, Schiller had been obliged to borrow the, to him, considerable sum of 310 Thalers from a money-lender. He had not yet been able to repay this sum; his income from his literary work barely sufficed to cover his current expenses in Weimar. —l. 3, etc. It is still customary in German universities, for a newly appointed professor to pay ceremonial visits to all his colleagues. The *Prorector* is the head or Principal of the university; he is appointed for a year, and the professors fill this office in turn.—l. 9. *J. J. Griesbach* (b. 1745, d. 1812) and *Döderlein* (b. 1745, d. 1792) were professors of theology in Jena. *Auditorium* denotes both the lecture hall and the audience. Several of the professors had their own private lecture halls. —l. 19. We should now more generally say *eine Vorlesung halten* —also used by Schiller—instead of *eine Vorlesung ablegen*.

9.

l. 20. The following, which is a copy of Schiller's autograph announcement of his first lecture, preserved in the archives of the Jena university, may interest the reader:—

ILLUSTRISSIMIS

GENEROSISSIMIS AC NOBILISSIMIS

COMMILITONIBUS

S. P. D.

FRIDERICUS SCHILLER.

Demandatum mihi in celeberrima hac Academia, Serenissimorum ejus Nutritorum beneficio, Professoris munus C. c. D. proximo die Martis auspicabor publicis lectionibus, quibus *Introductioni in historiam universalem* operam dabo. Has quidem lectiones bis per hebdomadem singulis Martis et Mercurii diebus hora VI-VII vespertina habere constitui, quibus ut frequentes faventesque interesse velitis, si commodum vobis fuerit, humanissime rogo.

Jenæ d. XXI May MDCCLXXXIX.

Meine Vorlesungen werde ich in des Herrn Professor Reinhold's Auditorium halten.

The announcements of lectures are still written in Latin at many German universities.

Page 21, l. 27. It is now more usual to employ the word *Ständchen* for *Nachtmusik.* The Latin expression *Vivat* is frequently used in German instead of *Er lebe hoch ! Hurrah !* Cf. the French *vive*, and the Italian *viva.*

Page 22, l. 16. The word *platt* is often used figuratively in the sense of *gewöhnlich, alltäglich.*—l. 25. The two lectures are comprised in the Inaugural Address : *Was heisst und zu welchem Ende studiert man Universalgeschichte?* Sch. W., p. 1002.

Page 23, l. 6. The word *Frauenzimmer*, originally meaning the " apartments of the women," especially at the courts of princes, was in time applied to women in general. It is now never used as a collective in the singular.—l. 11. *Lorenz Johann Succow* (b. 1720, d. 1801) was Professor of Mathematics at Jena. *Taroc* is a game of cards, supposed to have had its origin in Egypt. It is played with 78 cards and is still a favourite game in some parts of Germany. A combination of this game and *l'hombre* (fashionable in England during the last century under the name of *Quadrille*) was called *Tarok-Hombre*.

10.

After his settlement at Weimar, Schiller had repeatedly met Charlotte von Lengefeld. In the beginning of August, 1789, he became engaged to her, and on the 22nd February of the following year they were married. Schiller's pecuniary circumstances were at that time improving, as the Duke had granted him a salary of 200 Thaler, and he had made advantageous arrangements with several publishers.

Page 24, 1. 14. *Karl Theodor Anton Maria von Dalberg* (b. 1744, d. 1817) was Governor of Erfurt and Coadjutor of the Archbishop and Elector of Mayence, whom he succeeded in 1802. He was a man imbued with interest for literature, art and science, and the friend and patron of most of the eminent men of his time.—l. 25. The marriage ceremony was performed in the church of the little village Wenigenjena, by Magister Gottlieb Ludwig Schmidt, who was an adherent of Kant's philosophical principles.

11.

Page 25. Ten months of perfect domestic happiness followed Schiller's marriage, though he was overwhelmed with work, often writing fourteen hours a-day. At the end of the year he went to Erfurt with his wife; here he caught a violent cold, which turned into a fever that nearly ended the poet's life. Though he recovered to a certain extent, he was not perfectly restored to health, and was unable to continue his lectures. His recovery was retarded by pecuniary troubles. Besides his old debts, he had to pay 120 Thaler for a friend for whom he had become surety; his expenses had been unusually heavy, and his capacity for work had been materially lessened by illness. In this trouble he received help from a quarter where he least expected it. The Danish poet Jens Baggesen (b. 1764, d. 1826) had seen Schiller when passing through Jena in the summer of 1790, and had become his enthusiastic admirer. Hearing of his sad position, he conferred with the Prince of Schleswig-Holstein-Augustenburg, who, together with the Danish Minister, Count Ernst Heinrich von Schimmelmann (b. at Dresden, 1747, d. 1831), offered the poet an annual pension of 1,000 Thaler for three years. In a letter full of sympathy and admiration, the

Prince requested Schiller's acceptance of this mark of respect. Schiller's answer was unfortunately destroyed, with many others of his letters, at the burning of the palace in Copenhagen in 1794. Those written after this disaster have been recovered by the efforts of Professor Max Müller, of Oxford, and published by him in 1875. Schiller's letter of thanks to Baggesen will be found p. 164 of this volume.

Page 26, l. 21. The Coadjutor Dalberg had often held out hopes to Schiller that he would offer him an adequate position at Mayence, if he should succeed the then reigning Archbishop.

12.

Page 27, l. 2. Schiller's *Thirty Years' War* was published by Göschen, in Leipsic, in the *Damenkalender*. The first part was finished in September, 1790. He began the second part in 1791, but his illness and his constant attacks of spasms forced him to put aside his work till May, 1792. At the beginning of this year Schiller and Lotte had paid a visit to Dresden.—l. 10. *Ueber die ästhetische Erziehung des Menschen, in einer Reihe von Briefen.* Sch. W., 1151. These letters were addressed to the Prince of Augustenburg. They were published, 1795, in Schiller's periodical, *Die Horen.* Cf. Intr., note to Letter 14.—l. 12. *Immanuel Kant* (b. 1724, d. 1804) was appointed Professor in Königsberg, 1770. He was the creator of a new school of philosophy, which soon exercised its influence on all branches of science and literature. His principal works are: *Die Kritik der reinen Vernunft* (1784), *Die Kritik der praktischen Vernunft* (1788), and *Die Kritik der Urtheilskraft* (1790).*
Schiller took up the study of Kant in 1790.—l. 16. *Alexander Gottlieb Baumgarten* (b. 1714, d. 1762) was Professor of Philosophy at the then university of Frankfort on the Oder. He was the first to raise Æsthetics to a science.—l. 19. The idea of dramatising the story of *Wallenstein* had taken hold of Schiller when writing his *Thirty Years' War.*

Page 28, l. 24. In no edition of Schiller's collected works, not even in the historical edition, is there a poem of this title to be found, nor is it mentioned by his biographers; it is therefore probable that he gave up the idea of writing it.

---

* It is, of course, impossible to attempt to give here even an outline of Kant's philosophical system, which has of late years been so fully and ably discussed in Anglo-American literature.

13.

Page 29. Schiller had for a long time planned a visit to his old home. Twice he requested permission to do so from the Duke Karl Eugen, without receiving an answer, so that he at last set out in August, 1793, without awaiting the Duke's permission. He first remained for some time at Heilbronn. On September 8 he removed to Ludwigsburg, where his parents resided, and here his eldest son was born on September 14. How much he himself had been suffering physically and mentally from ill-health and anxiety, the present letter shows, which was the first he had written to Körner since October 4.

Page 30, l. 22, etc. The opinions which Körner had expressed in his letters showed that his views materially differed from those given by Schiller in his philosophical essays.

Page 31, l. 11, etc. Schiller applies the name *Herodes* to the tyrannical Duke Karl Eugen of Würtemberg. Schiller's father had been throughout his whole life in the service of the Duke. First he had served in his army, and since 1775 he had been superintendent of the gardens at the royal summer-palace, *Solitude.*—l. 17. The formation of the comparative of *gesund* without the modification is now obsolete.— l. 22. The word *parat*, from the Latin *paratus*, is frequently used in colloquial German for *fertig, bereit.*

14.

On May 14, 1794, Schiller commenced his home-journey. He did not resume his professional duties, but turned with fresh energy and enthusiasm to his literary and poetical labours. He had made an agreement with the well-known publisher Cotta at Tübingen to edit for him a journal containing historical, philosophical, æsthetic and critical essays. As editor Schiller received an honorarium of 100 ducats, about 125 dollars; each essay was to be paid according to its value and length with 3, 5 or 8 Louisd'or—a Louisd'or being equal to about 3 dollars. Schiller had also undertaken the publication of a Musenalmanach, and in this volume most of his and Goethe's finest poems appeared from 1795—1799. The following letter will give some idea of what was then the work of a German editor.—l. 24. Schiller's second child was born September 9, 1796.—l. 27. Annual Almanachs were very fashionable in Germany at the end of the last and the beginning of the present century. They were generally illustrated, and elegantly printed and bound. They gradually sank to the level of the old Keepsakes and Books of Beauty.

Page 32, l. 27. The first *Musenalmanach*, for the year 1796, was published in 1795. It contained from Schiller's pen the poems: *Die Geschlechter*, Sch. W., 85, *Tabulæ Votivæ*, 90-92, *Das Mädchen aus der Fremde*, 71, *Pompeji und Herkulanum*, 83.

Page 33, l. 8. *Karl Friedrich Zelter* (b. 1758, d. 1832) was the son of a mason, and was brought up to his father's profession, in which he attained the rank of "master." His love for music was so great, that in all his spare moments he studied it, and in 1783 he took it up as his profession. He composed many of Schiller's and Goethe's poems for the *Musenalmanach*. In 1800 he became conductor of the *Berlin Singakademie*, which owes much of its excellence to him. He is now best known as the friend and correspondent of Goethe, and the master of Felix Mendelssohn.—l. 10. *August Langbein* (b. 1757, d. 1835) was the author of some novels and humorous poems.

15.

L. 13. Cp. with this letter the one dated February 2, 1789.—l. 26. Since the 17th century the name *Haupt- und Staatsactionen* was given to certain plays treating historical subjects in a bombastic manner, and having chiefly princes, generals, etc., for *dramatis personæ*. Schiller uses this expression in the sense of "political affair."—l. 28. The term *Unarten* for "faults," in the way it is here employed, is rather peculiar, *Unarten* meaning rather "naughtiness," or "bad manners."

Page 34, l. 9, etc. The reader need hardly be reminded how successfully Schiller conquered this difficulty in *Wallenstein's Lager*.

Page 35, l. 11. These two characters are, of course, *Max* and *Thekla*.—l. 20. The only opportunity Schiller had of becoming acquainted with military matters was during his stay at Carlsbad. On his journey to that place he passed through Egra, where he saw a portrait of Wallenstein and the house in which he was murdered.

Page 36, l. 8. The *Vorarbeiten* to which Schiller refers are his preparations for the *Geschichte des dreissigjährigen Krieges*.—l. 17. *Don Carlos* was finished at Dresden in 1787.

Page 37, l. 1. The plural of *Mémoire*, now commonly used, is *Mémoiren*, but Schiller generally retains the original plural when using foreign nouns.

16.

Schiller to whom the professorial circle at Jena had gradually become distasteful, especially as those professors with whom he had been most intimate had left that university, and because the brothers Schlegel and their adherents of the romantic school at Jena were thoroughly antipathetic to him, resolved to move to Weimar. On December 3, 1799, he left Jena, where he had spent more than ten years of his life. The Duke Carl August had increased his pension to enable him to bear the greater expenses entailed by this change.—l. 14. Already before finishing *Wallenstein*, Schiller had been considering several dramatic plans. He finally decided on *Maria Stuart*, a subject which had attracted his attention in 1782. He began to write it on June 4, 1799. It was performed for the first time on the 5th of July, 1801.—l. 17. *Ettersburg* is a small village near Weimar. where the Duke had a hunting box. —l. 29. Schiller translated *Macbeth* when unable, on account of his own and his wife's illness, to work at *Maria Stuart*.

17.

Page 39, l. 2. Schiller was at that time writing *Die Jungfrau von Orleans*.—l. 7. In a letter dated November 16, 1800, Schiller speaks of some plans to celebrate the commencement of the new century, which, he says, will attract crowds to Weimar.—l. 13. The two musicians, *Haydn* and *Gluck*, are too well known to require any further notice. How little Schiller understood of music, though he was fond of it as a recreation, is seen from his judgment on Haydn. The dramatic force of Gluck's music appealed probably to his own dramatic genius.

18.

L. 21. Schiller had not written to Körner since July 8.—l. 28. Cf. on *Die feindlichen Brüder*, letter 7, l. 10 and n.

Page 40, l. 7. The word *Stachel* is figuratively used in German in the way in which *spur* is used in English.—l. 13. Since the *Jungfrau von Orleans*, which was finished in 1801, Schiller had not commenced any original work, but he had translated Gozzi's dramatic fable *Turandot* from the Italian.—l. 17. For Schiller's plan to dramatise the story of *Perkin Warbeck*, cf. his letter to Goethe, No. 36 and n. For the drama, as far as it was written, see Sch. W. H. A., 15, part 1, p. 174.—l. 22. Schiller, with his family, paid a visit to Dresden in August, 1801.—

l. 24. It is well known that Schiller received the first inspiration for his *Wilhelm Tell* from Göethe, who intended to make him the hero of an epic poem, but made the subject over to Schiller.—l. 25. *Ægidius von Tschudi* (b. 1505, d. 1572), the celebrated Swiss chronicler, gave definite shape to the legendary history of the liberation of the forest cantons and to the story of *Tell* and the *Apfelschuss*. See the Historical Introduction to Buchheim's edition of *Wilhelm Tell*, published at the Clarendon Press, Oxford.

Page 41, l. 3. For *Staatsaction* see p. 33, l. 26, n.—l. 29. The use of the intransitive verb *zweifeln* without *daran*, for *bezweifeln*, is of very rare occurrence.

Page 42, l. 4. Frau von Lengefeld was staying at Dresden with the Princesses of Schwarzburg-Rudolstadt, whose education she had directed.

19.

L. 21. *Gustavus IV.* (1792—1809) was proclaimed king of Sweden after the murder of his father Gustavus III. In 1809 he was deposed on account of his fantastic and despotic behaviour, and from that time till his death in 1837 he led the unsettled life of a roving exile.— l. 27. *Charles XII., of Sweden* (1697—1718) is well known by his bravery and his chivalrous, adventurous character. He was killed at the siege of Friedrichshall by a musket-shot.

Page 43, l. 6. Humboldt informed Schiller of his loss in a most touching letter dated Rome, August 27, 1803.—l. 16. The career of Theodor von Humboldt fully justified Schiller's opinion of him.— l. 24. This piece was *Wilhelm Tell.*—l. 26. *Die französische Philosophin, i.e.* Madame de Staël (b. 1761, d. 1817), the author of *Corinne, Delphine, De l'Allemagne, etc.*, visited Weimar during her travels through Germany, after her banishment from France by Napoleon.

Page 44, l. 22. *Karl Friedrich von Sachsen-Weimar* (1728-1853), the son of Karl August, married in 1804 Maria Paulowna, daughter of Emperor Paul I. of Russia, and sister of Alexander I. She arrived at Weimar at the beginning of November, and the festivities in her honour continued for a fortnight. Schiller who had been suffering more or less since August caught a severe cold from which he never quite recovered.

Page 45, l. 1, etc. *Die herzogliche Jägerei, i.e.*, the royal huntsmen. *Schützengesellschaften* are old-established societies in many German and Swiss towns, for the practice of shooting ; many date back to the middle ages.—l. 12, etc. These words seem an unconscious quotation from his own poem, *Das Mädchen aus der Fremde:* "Doch eine Würde, eine Höhe, entfernte die Vertraulichkeit."—l. 27. The word *Schwadronierer,* or as it is now more usually called *Schwadroneur* is formed from a South-German word *schwadern,* to chatter, to which a foreign termination has been added. It signifies a person who tries by his talking to give himself airs of importance, a swaggerer.

Page 46, l. 3. The name *Kapelle* was originally given to the choir of a church; gradually it came to be given to orchestras, especially to the private orchestras of princes.—l. 11. The little prologue which Schiller wrote so quickly was *Die Huldigung der Künste.*— l. 18. *Wilhelm von Wolzogen* was the old friend of Schiller whose mother granted him an asylum on her estate Bauerbach after his flight from Stuttgart. He had married Schiller's sister-in-law, Caroline. It was he who had conducted the negotiations relative to the marriage of the hereditary Prince of Saxe-Weimar and the Grand Duchess Maria Paulowna. The then reigning Empress of Russia was Elizabeth, daughter of the Crown Prince of Baden, and wife of Alexander I.

22.

Page 47, l. 3. Cp. Schiller's letter to Wilhelm von Humboldt, p. 151. —l. 10. Schiller had begun to dramatise the story of the Russian Pretender Demetrius. The Czar Ivan the Terrible (1533-1584) left two sons. The eldest, Fedor, was weak-minded, and his brother-in-law, Boris Godunoff, ruled for him, and after his death succeeded him in 1598. The younger son Demetrius died at the age of ten, either by an accident or by murder. No less than four pretenders assumed the rôle of Demetrius. The most important was a young Polish monk, who with the help of the king of Poland succeeded in establishing himself as Czar in Moscow. After the lapse of a year he was murdered by the Russians, who were exasperated by the favour he showed the Poles. Schiller wrote out the whole plan and versified the first act and part of the second.—l. 14. *Jaques Necker* (b. at Geneva, 1732, d. 1804), the celebrated French statesman and minister of finance, was the father of Madame de Staël.

This was Schiller's last letter to Körner. On the 28th of April he was well enough to go to court and afterwards to the theatre. Here he was seized with a violent feverish attack, to which he succumbed on the 9th of May.

SCHILLER AN GOETHE. *

1.

Page 48, l. 2. It is impossible to give idiomatic English equivalents for these ceremonious, epistolary forms of address.—l. 4. The Zeitschrift to which Schiller wished Goethe to contribute was *Die Horen*, for which see Introd. note to Letter 14, p. 31.—l. 12. The men here mentioned formed the *Gesellschaft* to which Schiller alludes.—l. 4. *Johann Gottlieb Fichte* (b. 1762, d. 1814) was a pupil of Kant, and one of the most eminent German metaphysicians. *K. A. Woltmann* (b. 1770, d. 1817) had been called to Jena to replace Schiller as Professor of History. For *Wilhelm von Humboldt* see Gen. Introd.—l. 16. *Ew.* is the abbreviation of the O. H. G. *Ewer, Euer*, now only used in expressions like *Ew. Hochwolgeboren, Ew. Majestät*, etc.

2.

Page 49. Goethe readily agreed to write for the *Horen*, and invited Schiller to come to Weimar and spend a fortnight at his house. This Schiller did, and here began that friendship which only ended with his life, and which was of such immeasurable benefit to the poets themselves and to the world in general.—l. 13. Schiller generally uses the termination *isch* with adjectives ending in *al*, as here *spekulativisch* for *spekulativ, sentimentalisch* for *sentimental*, etc.—l. 22. *Scheiden* is here taken in the sense of *zerlegen, analysiren;* and *gedrungen* in the sense of *vorgedrungen*.

Page 50, l. 10. *In Erscheinungsarten*, in the totality of her manifestations.—l. 24. *Achill und Phthia*, cf. Iliad ix., l. 410, etc., the well-known passage where Achilles is given the choice between an early death and undying fame and a safe return home and a long life.

Page 51, l. 27. *Gang* is here used in the sense of *Entwickelung*.

Page 52, l. 27. The novel referred to is *Wilhelm Meisters Lehrjahre.* Goethe had begun this work in 1777, and since then had worked at it from time to time. It was finished and published in 1794. Goethe's

---

* An excellent English translation of the Schiller-Goethe correspondence, by Miss Dora Schmitz, has lately been added to Bohn's Standard Library.

contribution to the first number of the *Horen* consisted of the *Unterhaltungen deutscher Ausgewanderter.*
Page 54, l. 4. Schiller throughout his whole life felt the want of a regular university education.—l. 17. *Kompromittiert zu haben,* i.e., *einen Vertrag gemacht zu haben.* The verb *kompromittiert* is no longer used in this sense, but only reflectively in that of "to commit oneself."

4.

Page 55, l. 20. Goethe sent to Schiller the first book of *Wilhelm Meister* on December 6, when it was already printed.
Page 56, l. 24. This is an allusion to his stay at Mannheim, when he superintended the performance of his dramas, and was in love with the actress, Sophia Albrecht (b. 1757, d. 1840).

5.

Page 57, l. 15. Schiller was at that time writing *Wallenstein.* The reader will remember his letter to Körner (No. 15), where he speaks of the difficulty of giving this subject a dramatic form.
Page 58, l. 4. This was a paper on synonyms, written for the *Horen* by Weisshuhn.

6.

Page 60, l. 12. The *Allgemeine Literatur-Zeitung* was published in Jena, and edited by Christian Gottfr. Schütz (b. 1747, d. 1832), Professor of Poetry and Rhetoric at that University. Schiller wrote several articles for it.—l. 17. The MS. sent by Goethe was part of his *Unterhaltungen deutscher Ausgewanderter,* viz., the last story, which Goethe himself describes as "a domestic tale," and the beginning of the *Märchen.* The *Apollo* is the hymn *Auf die Geburt des Apollo,* translated from the Greek, and beginning, "Dein gedenk ich, Apollo, du Ferntreffer."—l. 20. As the orthography was very unsettled at that time, it was agreed that all who wrote for the *Horen* should take Adelung's Dictionary as their authority.—l. 24. This was Herder's essay: *Homer, ein Günstling der Zeit,* which appeared in the *Horen.*

7.

L. 5. In his letter dated December 23rd, 1795, Goethe suggested the idea of writing distichs, like the *Xenia of Martial,* censuring the various periodicals then appearing. Schiller took up the idea very warmly, but proposed to enlarge it by attacking most of the literary men of the time. For Schiller's own contribution, see Sch. W. H. E., II., 97.—l. 13, etc. The two brothers Stolberg (cf. p. 7, l. 28) had repeatedly attacked Schiller, especially his poem *Die Götter Griechenlands*, from a pietistic point of view.

F. W. B. von Ramdohr (b. 1752, d. 1822) was a writer of little importance. He wrote a tragedy *Kaiser Otto III*, and several other works of no literary value. His book on art, *Charis*, had just been published. *Mit ihren Ichs und Nicht-Ichs* refers to the philosopher Fichte and his adherents. For Nicolai, see p. 27, l. 28, n. Moritz Aug. von Thümmel (b. 1738, d. 1817) published a number of humorous and sentimental novels. His *Reise in die mittäglichen Provinzen Frankreichs* is an imitation of Sterne's *Sentimental Journey*. Georg Joachim Göschen (b. 1752, d. 1828) commenced business as a publisher at Leipsic in 1784. Many of Schiller's and Goethe's works were published by him. Schiller applies the ironical name of *Geschmacksherberge* to the *Bibliothek der schönen Wissenschaften*, published by Göschen.—l. 19. The essay *Die sentimentalischen Dichter* appeared in the *Horen*. Schütz intended to publish an article written by several authors in his *Literaturzeitung*, on the essays that had appeared in the *Horen*.

Page 60, l. 10. For Woltmann, see p. 48, l. 12, n. The tragedy here mentioned was *Clara von der Tiver*, a subject taken from the history of Bremen ; the Singspiel was *Der Gerichtshof der Liebe*.—l. 15. After his return from Italy, Goethe took up the study of natural sciences with great zeal. He began with botany, and published the results of his observations and discoveries in his *Metamorphose der Pflanzen*. He took all plants as a whole, studied their development, and discovered that the separate parts of the plant, *i.e.*, leaves, flowers, etc., following one general law, were only different manifestations of the same prototype. He also applied this law to animal forms, and has therefore with justice been called the founder of modern science. Hofrath Joachim Dietrich Brandis lived as physician in Brunswick. In 1795 he published a translation of Erasmus Darwin's *Zoonomia* or *the Laws of Organic Life*.—l. 25, etc. *Nulla dies*, etc., is an adaptation of the well-known saying, *Nulla dies sine linea*, attributed by Pliny the Elder to the Greek painter Apelles. Schiller here refers to the *Xenia*.— l. 30. Lessing gives a criticism of Terence's *Adelphi*, and of the translation of *Romanus* in his *Hamburgische Dramaturgie:* Siebzigstes bis dreiundsiebzigstes Stück.

Page 61, l. 15. *Karl Aug. Böttiger* (b. 1760, d. 1835) was distinguished as an archæologist. Unfortunately he was so active as editor and journalist, that he produced no work of lasting importance. One of his best known works is *Sabina, oder Morgenscenen einer reichen Römerin,* which is a study on the domestic life and manners of the Romans.

8.

L. 19. Goethe came to Jena about the 14th of February, and remained there for a month.

Page 62, l. 9. *Charlotte von Kalb* (b. 1761, d. 1843) was one of the most remarkable women of her time. Schiller made her acquaintance in Mannheim, and a warm friendship sprang up between them. In her old age she became nearly blind, and having lost her whole income through the intrigues of her brother-in-law, she removed to Berlin, where she received a pension.—l. 12. Goethe's translation of Benvenuto Cellini's Autobiography appeared in the *Horen* during the years 1796 and 1797.

9.

L. 16. *Johann Heinrich Voss* (b. 1751, d. 1826) studied at Göttingen, where he became one of the chief members of the "Hainbund." Among his original poems his epic *Luise* and his idyll *Der siebzigste Geburtstag*, are now best known. He was chiefly distinguished for his translations of Homer, which are still considered the best in the German language.—l. 20. Die Idylle, *i.e.*, Goethe's idyllic poem *Alexis und Dora*. Alexis, sailing across the sea, sees his life pass before his mind's eye. He describes how in the moment of departure he meets Dora, declares his love to her, and receives her own vows. Suddenly he is seized with a feeling of jealousy, that she who so quickly accepted his love may as quickly give her heart to another. It is this "dissonance" with which the poem ends, that Schiller objects to.

Page 63, l. 8. Herder's Buch, *i.e.*, *Briefe zur Beförderung der Humanität.*—l. 24. *Johann Joachim Eschenburg* (b. 1743, d. 1820) published a collection of old English and Scotch ballads, and one of old German poems, and a complete translation of Shakespeare.—l. 26. *Ludwig Theobul Kosegarten* (b. 1758, d. 1818) was the author of numerous poems, chiefly distinguished by a certain grace of language.—l. 28. *Ch. E. von Kleist* was born 1715; he served in the Prussian army, and died

1759 in consequence of the wounds he received in the battle of Kunersdorf. He wrote odes, idylls and lyric poems, amongst which his descriptive poem *Der Frühling* is the best. Salomon Gessner (b. 1730, d. 1787) has chiefly written sentimental prose dylls ; during his own time they were very much read, and translated into nearly all European languages, especially *Der Tod Abels*. Heinrich Wilhelm von Gerstenberg (b. 1737, d. 1823) made a great sensation with his tragedy *Ugolino*, the subject of which was taken from Dante's *Inferno*.

Page 64, l. 1. Jean Paul Friedrich Richter (b. 1763, d. 1825), generally called by his literary name *Jean Paul*, is perhaps the most original and humorous German writer. His numerous novels are all distinguished by great depth of thought. He was very much admired by his contemporaries and is still much read. He visited Weimar in June, 1796.—l. 15. Schiller had written parodies on Homer's description of Penelope's suitors. Cf. *Odyssey I.*, l. 144, etc., and l. 245, etc.

10.

L. 28. The eighth book forms the end of *Wilhelm Meister's Lehrjahre*. It is impossible to explain here the numerous allusions to *Wilhelm Meister*, and it is probable that most of those who read Schiller and Goethe's letters have read that work. Those who have not done so, can form a very good idea of part of it by reading the extract in H. G. P.

Page 66, l. 9. *J. Fr. G. Unger* (b. 1750, d. 1804) was a publisher and printer at Berlin. He contributed much to the improvement of German typography.

Page 67, l. 7. Schiller gives the nickname of *Hesperus* to Jean Paul from the latter's novel *Hesperus oder 45 Hundsposttage*, which had appeared in 1795.

11.

L. 21. *Dass—habe*, that I have grasped the continuity but not yet the unity.

Page 68, l. 29. *Was—können*, this seems to be the past tense, not the present, the auxiliary verb *hat*, being omitted.

Page 71, l. 22. The verb *schmelzen*, used transitively, properly follows the weak conjugation, but is frequently conjugated strong. The song to which Schiller here alludes is Mignon's last song : *So lasst mich scheinen, bis ich werde*, etc. G. W. 1, 32.

Page 72, ll. 3-8. Goethe did not follow Schiller's advice, but left the passages as he had originally written them.—l. 23. *Und die Notdurft*, etc., *i.e.*, the appearance on the scene of the Marquis, which is essential to the development of the story, might appear a mere expedient instead of an inner necessity. Readers of Wilhelm Meister will remember that in this case Goethe accepted Schiller's suggestions.

Page 73, l. 4. The word *Fratze* is here used in the sense of *Albernheit*.

12.

Page 75, l. 3. *Joh. Friedr. Reichardt* (b. 1751, d. 1814) was eminent as a musician and composer, though he also distinguished himself as a political writer. His compositions of songs, especially of some of Goethe's poems, are still very popular. Unfortunately he estranged most of his friends, and amongst them Goethe, by his irritable temper. Probably the Xenien: *Gewisse Melodien, Überschriften dazu*, and *Der böse Gesell*, refer to him.—l. 5. The Xenien: *Das Bruderpaar, Die Dioskuren*, refer to the Stolbergs.—l. 7. *Joh. Georg Schlosser* (b. 1739, d. 1799) was the friend and brother-in-law of Goethe. He was a man of high principles and strict rectitude, but rather narrow-minded in his attacks on modern philosophy, especially on that of Kant.—l. 17. The Xenie, entitled: *Zeichen der Jungfrau*, is the one here alluded to.—l. 16. This series of distichs (No. 390 to 412) were in the original collection published under the title of *Shakespeare's Schatten*. They contain chiefly general allusions to the sentimental domestic dramas of the well-known actors *Iffland* (b. 1759, d. 1814) and *F. L. Schröder* (b. 1744, d. 1816), who both did great service in raising the standard of dramatic art in Germany, and to *A. F. Kotzebue* (b. 1761, murdered 1819), who at that time flooded the German stage with his insipid comedies, nearly all of which are now forgotten. These Xenien are a parody on Homer's Odyssey XI.—l. 18. *Spiritus* is the nickname given to Goethe's servant and amanuensis, *Geist*.—l. 22, etc. The French revolutionary armies had in 1796 overrun the South of Germany under Jourdan and Moreau.

Page 76, l. 8. Goethe had proposed, July 28, to send the Weimar actors occasionally to Jena to give performances there.

13.

L. 23. The word *Schabernack*, "trick," or "practical joke," is derived from the M. H. G. *schaverņac*, meaning "a large coarse hat;"

it seems formed from the imp. of the M. H. G. verb *schavern*, to rub, and *nac*, *Nacken*, meaning something that irritates.

14.

Page 78, l. 14. *Die Schimmelmann, i.e.*, Countess Schimmelmann, the wife of the Count Schimmelmann who, together with the Prince of Schleswig-Holstein-Augustenburg paid Schiller his three years' pension.

Page 80, l. 27. Schiller's brother-in-law was in 1797 made Chamberlain at the Court of Weimar.

Page 81, l. 1. *Johann Friedr. Bolt* (b. 1769, d. 1836) was an engraver, who illustrated numerous almanacks and other works of his time.

15.

L. 8. Goethe had published his *Beiträge zur Optik*, in 1790 and 1791; these led him to the study of the theory of colours; but it was not until 1810 that he published his *Farbenlehre*, in which he undertook to refute Newton's theory of colours.—l. 18. The expression *sich gehen lassen*, is best rendered negatively, say here, *I did not restrain myself.*

Page 82, l. 2. *Karl Ludwig von Knebel* (b. 1744, d. 1834) first served as officer in the Prussian army, then he became tutor to Prince Constantine of Weimar. It was there that he became acquainted with Goethe, whose friend he remained till death.

17.

Page 83, l. 12. *Sich herumschlagen*, here, to trouble one-self.— l. 21. The well-known tragedies of Sophokles (b. 495, d. 406, B.C.) Τραχινίαι and Φιλοκτήτης.

Page 84, l. 27. Goethe had spent February and March in Jena.

19.

Page 86, l. 27. *Die Zwillinge, i.e.*, The Comedy of Errors, called in Wieland's translation of Shakespeare *Die Irrungen oder die doppelten Zwillinge.*

Page 87, l. 22. Humboldt had left Jena with the intention of spending two years in Italy.

SCHILLER AN GOETHE.

20.

Page 89, l. 8. Goethe had some idea at this time of basing an epic poem on the wanderings of the Children of Israel through the desert.—l. 24. *Der Hermann*, i.e., *Hermann und Dorothea*.

Page 90, l. 11. The news of peace must have been a mere report, as the peace with the French was not concluded till October of this year.

21.

L. 16. Schiller had bought a country house and garden near Jena in the spring of 1797, where he spent the summer months until his removal to Weimar.

22.

Page 91, l. 5. Goethe first conceived the idea of *Faust* in 1774; the first fragment appeared in 1790; the first part was published in its present form in 1808.

Page 92, l. 10. *Herr Karl*, *i.e.*, Schiller's eldest son, then nearly four years old.

23.

L. 17. Schiller had been on a visit to Goethe, who was then planning another journey to Italy. The war with the French, which still continued in Italy, prevented him from carrying out this intention; but he travelled through Switzerland with his friend Meyer. For the description of this journey see G. W., 4.

Page 93, l. 5. Cf. Goethe's essay *Laokoon*. G. W. 5, 282.—l. 17. Schiller's contributions to the *Musenalmanach* for 1798 were: *Elegie an Emma, Die Erwartung, Reiterlied* (which forms the conclusion of *Wallensteins Lager*), *Der Taucher, Der Handschuh, Der Ring des Polykrates, Nadowessische Totenklage, Ritter Toggenburg, Die Kraniche des Ibykus, Der Gang nach dem Eisenhammer, Die Worte des Glaubens, Licht und Wärme, Breite und Tiefe, Das Geheimnis, Hoffnung, Die Begegnung,* and *Vermischte Epigramme*. Nearly all these poems were written in 1797, and if we consider that besides this he worked at *Wallenstein* and edited the *Musenalmanach* and the *Horen*, and that he was constantly interrupted by illness, his energy and indefatigable activity appear almost marvellous—l. 19. During Schiller's visit to Weimar, he and Goethe had planned that each should write a ballad on the subject of *Ibykus;* Goethe gave up the idea. Schiller began to write his well-known ballad on the 11th August.

24.

Page 94, l. 1. Goethe received this letter at Stäfa, on the shore of the Lake of Zurich, on September 23.
Page 96, l. 10. *August Wilhelm Schlegel* (b. 1767, d. 1845, at Bonn, where he was Professor of Art-history). He was one of the founders of the romantic school. His best work was his masterly translation of some of Shakespeare's plays. He also wrote numerous odes, epigrams, sonnets, and ballads. Among the latter the one here mentioned, *Arion*, is one of the best.—l. 15. *Sakontala*, or more correctly *Sakuntala*, the drama of the Indian poet Kalidasa, was first translated into English by Sir William Jones, 1789, and into German the following year by Georg Forster. The drama was a great favorite with Schiller, and especially with Goethe, who characterised it by the lines:—

Willst du die Blüte des frühen, die Früchte des spätern Jahres,
Willst du was reizt und entzückt, willst du was sättigt und nährt,
Willst du den Himmel, die Erde mit Einem Namen begreifen,
Nenn' ich, Sakuntala, dich, und dann ist alles gesagt.

L. 19. These remarks are an answer to Goethe's letter of August 17, in which he tells Schiller how the life of a large town like Frankfort affected him.
Page 97, l. 19. The two places which affected Goethe in Frankfort in the manner here alluded to, were the large Square where he was living, and the former site of his grandfather's house, which had been converted into a market-place.
Page 98, l. 14. Goethe left Stuttgart on the 7th of September for Tübingen, where he stayed with Schiller's friend and publisher, Cotta, till the 16th of September, when he proceeded to Stäfa.—l. 16. *Unser Freund*, i.e., *Johann Heinrich Meyer* (b. at Stäfa, 1759, d. 1832), Goethe's intimate friend. He made his acquaintance in Italy where *Meyer* studied as a painter. Though not distinguished as an artist, he has some merit as an antiquarian and a *connoisseur.*—l. 26. *J. Ch. Hölderlin* (b. 1770, d. 1843) was one of the most promising and most unfortunate of German poets ; he was tutor, and afterwards librarian in

Homburg, but became irrecoverably mad in 1802. His lyrical poems, as well as his novel *Hyperion*, are full of deep and poetical thoughts. —l. 29. This refers to *J. D. Gries* (b. 1775, d. 1842) whose poem *Phæton* appeared in the *Musenalmanach*. He published excellent translations of *Petrarcha, Ariosto, Tasso*, etc.

25.

Page 99, l. 15. *Johann Heinrich Dannecker* (b. 1758, d. 1841), one of the greatest of modern sculptors, is best known by his *Ariadne auf Naxos*, now at Frankfort. He made excellent busts of Schiller and Goethe. *Rapp* was a landscape-painter at Stuttgart.

Page 100, l. 19. Schiller and Goethe do not use the word *sinnlich* in its common signification of "sensual," but in that of *sensuous*, applying it to that which can be perceived and grasped by the senses, in opposition to that which is purely spiritual or metaphysical.

26.

Page 102, l. 19. This is a reference to the series of ballads : *Der Edelknabe und die Müllerin ; Der Junggesell und der Mühlbach ; Der Müllerin Verrath ; Der Müllerin Reue*, the first of which Goethe had sent to Schiller from Tübingen ; Goethe has written each of these ballads in a different style. The one here mentioned he describes as old English.

Page 103, l. 10. The word *Schererei*, " trouble," is derived from Scherer (M. H. G. Scheraere), " one who shaves (shears)," which was taken in the sense of "one who gives trouble."—l. 24. *Den I und K Bogen*, *i.e.*, the fifth and sixth sheets.

27.

Page 104, l. 10. Goethe did not write to Schiller between the 26th of September and the 14th of October ; the letter written on the 14th of October, however, does not seem to have reached him till the end of that month.—l. 14. In his letter of October 14, Goethe first mentions the idea of making use of the story of *Tell* for an epic poem, which idea he fortunately afterwards made over to Schiller, whose best drama we owe to that concession.

Page 105, l. 20. Humboldt's letter here mentioned is not included in the collection of his correspondence with Schiller, published by himself. He went to Paris where he spent some time, and only five years later he went to Rome as Prussian Minister Resident at the papal court.

28.

Page 106, l. 16, etc. The reader will remember that Schiller had at first, chiefly by Humboldt's advice, resolved to write *Wallenstein* in prose.—l. 29. *Gebundene Schreibart, i.e.,* verse. Poetry is called in German *gebundene Rede,* literally "fettered speech," in contradistinction to prose, which is not bound by the laws of prosody.

Page 107, l. 28. The word *Velin (Velinpapier),* taken from the French (Neo-Latin *Charta vitulina,* from the Latin *vitulus,* a calf), originally signified "parchment," but was applied to very thick, smooth paper.

Page 108, l. 3. *Hofrat Christian Gottlob von Voigt* (b. 1743, d. 1813), was a friend of Duke Karl August, who raised him from a simple lawyer to the rank of one of his first ministers of state, in consequence of his distinguishing himself as a man of business.— l. 5. Goethe's well-known ballad, *Der Gott und die Bajadere.*

29.

L. 14. Goethe had returned to Weimar about the middle of November, and in a note dated November 28 he asks Schiller to return to him a play sent by Professor Rambach. *Friedr. Ebert Rambach* (b. 1767, d. 1826) was master at the *Friedrichwerthersche Gymnasium* in Berlin. Afterwards he became Professor at Dorpat, and later on at Reval. He was the author of numerous dramas and tragedies.—l. 21. It is difficult to give an adequate rendering of the expression *eine poetische Gemüthlichkeit;* perhaps, *a poetical ease,* would best express Schiller's meaning. These remarks refer to the second part of the Trilogy, *Die beiden Piccolomini.*

Page 109, l. 4. *Mehr statistisch,* etc., his first act is more politically descriptive, or rather stationary, *i.e.,* it contains the development of the political state of things, without progressing to the actual dramatic plot.—l. 23. Goethe took up the idea of an essay on *Moses* in April, 1797, but he did not carry it out as he at first intended.

30.

Page 110, l. 2. Schiller intended to come to Weimar towards the end of December, but finally thought it better to spend January and

February, the two worst months, in his own home. He was the more reconciled to this when he heard from Goethe that he would be obliged to come to Jena soon after the New Year.

Page 111, l. 3. Schiller originally took the subject for his *Malteser* from Vertot's (b. 1655, d. 1735) *Histoire des Chevaliers de Malte.* It was to deal with the heroic defence of the Fort St. Elmo under La Valette, the Grand Master of the knights of Malta, against Sultan Solyman in 1565.

31.

Page 113, ll. 9-11. *Die geheime magische Geschichte, i.e.*, the mysterious reason which Wallenstein has for his blind confidence in Octavio, and which he relates in *Wallenstein's Tod*, act i., sc. iii., beginning : *Es giebt im Menschenleben Augenblicke.* " Die Präsentation Questenberg's an die Generale," occurs in *Die beiden Piccolomini*, act i., sc. ii. In the first version, acts i. and ii. of *Wallenstein's Tod* were included in the *Piccolomini.*—l. 24. Goethe had undertaken the editorship of the *Propyläen*, a periodical treating of art and literature. The *Horen* had ceased to appear in the spring of that year (1798).—l. 25 The expression *Kupfer*, now given to illustrations in general, is the abbreviated form of *Kupferstich*, engraving.—l. 30. Iffland had been in correspondence with Schiller about the right of performance of *Wallenstein*.

32.

Page 114, l. 8, etc. Schiller had sent Goethe the last acts of *Wallenstein* on the 17th March.—l. 26. Schiller frequently uses the preposition *vor* instead of *für.*—l. 27, etc. Already in 1797 Goethe had formed the plan of writing an epic poem on the death of Achilles ; he wrote a great part of it in 1799, but did not publish it till 1808 in the ninth vol. of his collected works under the title *Die Achilleïs.*

Page 115, l. 4, etc. Cf. *Iliad*, Book XVIII., ll. 369, etc.—l. 30. The name *Gries*, or more correctly *Griess*, meaning literally *coarse sand*, is given to a kind of coarsely ground wheat, *semolina.*

33.

Page 116, l. 8. Schiller had on the 10th of April accompanied Goethe to Weimar, and been present at the rehearsals and representations of *Wallenstein.*—l. 11. The source to which Schiller here refers is Camden's *Vita Elisabethæ.*

Page 117, l. 1. *Friedrich von Genz* (b. 1764, d. 1832) was first in the service of the Prussian Government, but disapproving of the political system of that country, he entered the Austrian service. He wrote, in German and French, chiefly on historical and political subjects.

34.

L. 13. The poem *Die Schwestern von Lesbos*, by *Amalie von Imhoff* (b. 1776, d. 1834). She was the niece of Goethe's friend Frau von Stein. Both Goethe and Schiller took great interest in her poetic creations, and published the above epic poem in the *Musenalmanach* for the year 1800.

Page 118, l. 1. The dramas here named are reckoned among the masterworks of *Pierre Corneille* (b. 1606, d. 1684).—l. 30. At that time, when the postal arrangements were still far from being regulated in the smaller German States, *Botenfrauen*, "female messengers," used to carry letters and small parcels from town to town.

35.

Page 120, l. 17. *Erscheinungen*, here *realities*.

36.

Page 121, l. 10. The mention of *Edward V.* instead of *Edward IV.*, is, of course, a mere slip of the pen.—l. 23. The Duchess of York, or rather of Burgundy, was Margaret, youngest sister of Edward IV., and consequently the aunt of the young princes murdered in the Tower.

Page 122, l. 17. Schiller left behind him the detailed plan for the tragedy of *Warbeck*, and some scenes written out.

37.

Page 123, l. 15. *Das Kleine, i.e.*, Schiller's third child and eldest daughter, was born October 11, 1799. Charlotte's illness continued with frequent alternations till the middle of November, when she began slowly to recover. In December Schiller removed to Weimar, and from that time, of course, the correspondence between him and Goethe became less continuous, personal intercourse taking the place of letters.

38.

Page 123, l. 27, etc. *Habe aber doch*, etc. This figure of speech, taken from the public lotteries, where certain numbers merely win back the *stake*, means here that though Schiller did not get on faster with his work by going to Jena, yet he did not lose any time by it.

Page 124, l. 2. The well-known pantheistic philosopher *F. W. J. Schelling* (b. 1775, d. 1854) had come to Jena to study under Fichte, whom he succeeded as professor of philosophy in 1798. *Friedrich Immanuel Niethammer* (b. 1766, d. 1848) was at that time editor of the *Philosophische Journal* in Jena.

Page 125, l. 5. Schiller here refers to the Greek origin of the word *Poet, i.e.*, maker.

Page 126, l. 11. The book to which Schiller here refers is "Bemerkungen auf einer Reise durch Frankreich, Spanien und vorzüglich Portugal," published by *H. F. Link*, of Göttingen (b. 1769, d. 1851).

39.

L. 25. This was *Die Braut von Messina, oder die feindlichen Brüder*. Cp. Letters to Körner, Nos. 6 and 18.

Page 127, l. 8. Kotzebue, who had settled in Weimar in 1801, had almost since his arrival intrigued against Goethe, who had quietly, but decidedly, repulsed his advances. In order to offend him and possibly to cause a division between the friends, he arranged a grand celebration in honour of Schiller on the 5th of March, his name-day. Some of the noblest ladies of the Court were to represent characters from Schiller's dramas. Schiller's bust, by Danneker, was to be covered by a bell made of cardboard, the Song of the Bell was to be recited, and at the part where the master breaks the mould, the pasteboard bell was to be broken, the bust to appear and to be crowned with flowers by the ladies. To the delight of Schiller and his wife the whole celebration came to nothing at the last moment, the Burgomaster, R. A. Schultze, refusing the use of the townhall, and the librarian declining to lend the bust for fear of its being injured.—l. 17. This was the *History of the Popes*, by Archibald Bower, which had been translated into German by Rambach.

40.

Page 128, l. 5. Shakespeare's *Julius Cæsar* had been performed at Weimar October 1, 1803.—l. 20. *Trapicius* was the *Castellan* of the palace at Jena.

Page 129, l. 8. For *Frau von Staël*, cp. the Letter to Körner, No. 20, n.

Page 130, l. 10. Goethe had gone to Jena to attend to the affairs of the *Allgemeine Literaturzeitung*, which soon improved by his cooperation.—l. 19. Schiller was at that time fully occupied with his *Tell*, so that Madame de Staël's visit could not have taken place at a more inopportune time.—l. 23. *Die traurigen Ereignisse, i.e.*, the continued advances of the French under Napoleon.

SCHILLER AN CHARLOTTE VON LENGEFELD.

1.

Page 131, l. 20. Frau Geheimrätin Koppenfels was a friend of Schiller and Charlotte.

Page 132, l. 6. The lines that Schiller wrote in Charlotte's album are found with some alterations in his collected poems, under the title: *Einer jungen Freundin ins Stammbuch*.

2.

L. 9, etc. In a short note Lotte invited Schiller to spend the evening at Frau·von Imhof's, where she was staying, unless the theatre had greater attractions for him.—l. 21. He had already formed the plan of spending the summer at Rudolstadt in the neighbourhood of Frau von Lengefeld and her daughters.

3.

Page 133, l. 11. In May, 1788, Schiller moved to Rudolstadt, where he spent some of the happiest months of his life with Charlotte and her sister Caroline. The latter was then married to von Beulwitz, from whom she was separated some years afterwards, when she married her cousin Wilhelm von Wolzogen. Amongst other works Schiller read *Homer* to the sisters, and the following morning he wrote the present letter in imitation of the Homeric style.

4.

Page 134, l. 3, etc. Schiller returned to Weimar in November. Shortly before leaving Rudolstadt he wrote this letter.

5.

Page 135, l. 5. Thursday was the day on which he received letters from his Rudolstadt friends.

6.

Page 135, l. 17. Schiller seems to have been without letters from Rudolstadt for more than a fortnight.

Page 136, l. 7. *Johann Gottfried Eichhorn* (b. 1752, d. 1826) had become teacher at the University of Jena, at the age of 23 ; in 1788 he became Professor of Oriental languages at Göttingen, where he remained until his death.—l. 9. *sich übertölpeln lassen*, means literally, "to allow oneself to be duped." Schiller wishes here to express "that he allowed himself to be talked over."

Page 137, l. 13. Cp. Cervantes' *Don Quixote*, Part II. Chapter xxxvii. etc. *Don Quixote* had been first translated into German 1775-1779, by *F. J. Bertuch*, the friend of Goethe.

7.

This letter, which has no other date, must have been written on October 30, 1789. It will be remembered that Schiller and Lotte had become formally engaged at the beginning of August of this year.

Page 138, l. 22. At that time people were as yet far from recognising the importance of the events then occurring at Paris, the generality considering them as a passing riot.—l. 28, etc. This is probably a version of the fact that Lewis XVI. had the tricolor cockade put on his hat when he entered the Hôtel de Ville on the 6th of October.

Page 139, l. 8. It is now more usual to spell *Höker* without a *c*. —l. 12. This refers to the first actual outbreak of the revolution in the garden of the Palais Royal (July 12), when Camille Desmoulins addressed the people, and called them to arms. On his producing a green cockade as the symbol of liberty, the trees were stripped of their leaves, which everyone wore instead of a cockade ; but as green was the colour of the detested Duc d'Artois, it was replaced by blue and red, the colours of Paris, to which by Lafayette's advice *white*, the colour of the Bourbons, was added.—l. 24. The event here narrated occurred on the 5th of October, when an immense crowd of men and women had proceeded to Versailles in order to force the king to remove to Paris.

SCHILLER AN WILHELM VON HUMBOLDT.

1.

Page 141, l. 4. This poem was *Das Reich der Schatten*, as it was originally called in the *Horen*, where it first appeared, or *Das Ideal und das Leben*, under which title it is found in Schiller's collected works.

2.

Page 142, l. 10. Humboldt spent the winter of 1795 on his family estate Tegel, not far from Berlin.—l. 23. *Der sentimentalischen*, etc., *i.e.*, Schiller's Essay, *Über naive und sentimentalische Dichtung*.

Page 143, l. 5. Karl Ludwig von Knebel, the friend of Goethe, published a translation of the elegies of the Roman poet Propertius.

Page 145, l. 5. *Li* was the pet name of Caroline, Humboldt's wife, the daughter of Geheimrat von Dacheröden in Erfurt. She had already before her marriage been the intimate friend of Charlotte and her sister.

3.

After 1796 comparatively few letters were exchanged between Schiller and Humboldt; the latter travelled a great deal, and, as mentioned before, finally settled in Rome as Prussian Minister Resident.—l. 22. *Meine Tragödie*, i.e., *Die Braut von Messina*.

Page 146, l. 19. *Die Schlegel und Tiecksche Schule*, *i.e.*, the *Romantische Schule*, which was founded chiefly in opposition to Schiller and Goethe. Its chief tendency was a return to the spiritual darkness of the middle ages.—l. 26. *Hinschlendern*, in its figurative sense, can best be rendered by the French *laisser-aller;* the English *to loiter*, *to saunter along* only gives its primary meaning.

Page 148, l. 1. *Lolo* was the pet name by which Charlotte Schiller was called by her friends and family.—l. 3. Schiller had received his patent of nobility and coat of arms from the Duke of Weimar on the 16th of November. Round the helmet which formed the crest, the Duke had with his own hand drawn a laurel branch.

4.

Page 149, l. 23. Schiller had gone to Berlin towards the end of April, 1804. He met with a most flattering reception, and brilliant offers were made him to induce him to settle in that town. At first he seemed inclined to accept these offers, but on his return to Weimar he felt how much he and his wife would lose by the exchange, and when finally the Duke increased his pension, he sent his formal refusal of the offer to Berlin.

Page 150, l. 20. This satire of Diderot's is *Le Neveu de Rameau.* —l. 22. *J. J. Winckelmann* (b. 1717, d. 1768) was the son of poor parents; he studied theology, and for years laboured as schoolmaster and private tutor. Finally he went to Rome, where he soon acquired a great reputation as art student and critic, especially by his work on Antiquities.

Page 151, l. 4. These lines are doubly touching, if we remember that they were written a month before Schiller's death.—l. 7. Schiller had four children, two sons and two daughters.—l. 13. Schiller must have had in view the Lake of Zurich, which is about four degrees south of Weimar, and towards which the author of *Tell* must naturally have felt attracted.

Page 152, l. 12. Karoline von Humboldt had very deeply felt and suffered from the loss of her eldest son in 1803.—l. 14. *Kohlrausch* was a young German doctor, then living at Rome, who had attended Humboldt's son during his illness.

VERMISCHTE BRIEFE.

SCHILLER AN DALBERG.

It will not be necessary to recall to the reader the circumstances which caused Schiller's flight from Stuttgart, and induced him to write the present letter to Dalberg. *Wolfgang Heribert von Dalberg* (b. 1749, d. 1806) was "Intendant" of the Mannheim theatre. He took a very great interest in theatrical affairs, and did much to raise the condition of the stage at Mannheim.

Page 153, l. 9. On the 14th of September, 1782, Grand Duke Paul of Russia visited Stuttgart.—l. 13. *E. E.*, short for *Eure Excellenz*.

Page 154, l. 26. Many seats in German theatres belong to subscribers, but on special occasions representations are given when the subscription list is suspended; this is called "bei aufgehobenem Abonnement."

Page 155, l. 9. Meyer was a young actor at the Mannheim theatre, who had taken the part of *Hermann* in the performance of *The Robbers*. To the great grief of Schiller he died in the year 1783.

SCHILLER AN FRAU HENRIETTE VON WOLZOGEN.

Page 156, l. 27. *Luise Millerin* was the original title of Schiller's tragedy *Kabale und Liebe*. The feminine termination *in*, used formerly to be added to the surname of the female members of middle class families.

Page 157, l. 4. *Christian Friedrich Schwan*, the well-known Mannheim publisher and bookseller, was himself a man of sound education and a writer of some merit. During Schiller's stay at Mannheim he proved a true friend to him.—l. 13. Oggersheim is a small town in the palatinate, north-west of Speyer.—l. 20. *Schwetzingen* is a small place about nine miles from Mannheim.—l. 22. *Bretten* is a town in Baden, to the east of Carlsruhe. It must be remembered to the honour of the Duke of Würtemberg, that he never pursued Schiller himself, nor in any way held his father responsible for his flight.—l. 22. Wilhelm, *i.e.*, the son of Frau von Wolzogen.

Page 158, l. 16. It will be remembered from the Introduction that Schiller never returned to live at Bauerbach. He paid one visit to his friend and benefactress in 1787, and in the following year she died and was long and sincerely mourned by him.—l. 28. *Charlotte*, or, *Lotte von Wolzogen* (b. 1766, d. 1794) was the daughter of Schiller's friend. When he saw her at Bauerbach he was for a time deeply attached to her.

Page 159, l. 13. *Madame* **, probably the Lady Principal of the boarding school where Charlotte von Wolzogen was then finishing her education.

SCHILLER AN SEINE SCHWESTER CHRISTOPHINE REINWALD.

Page 161, l. 25. *Nanette*, or rather *Caroline Christiana*, was the youngest and most gifted of Schiller's sisters. She was born in 1777 and died in 1796, in her nineteenth year. In August, 1792, she and her mother had paid a visit to Schiller in Jena.

SCHILLER AN SEINEN VATER.

Page 162, l. 6. Schiller's mother had been so ill at the beginning of the year that her life was despaired of.—l. 22. *China* or *Chinarinde*, the bark of the Cinchona-tree, which is chiefly found in Peru, used to be given as medicine in cases of fever or as a tonic.

Page 163, l. 4. *Professor H. E. G. Paulus* (b. 1761, d. 1851) was at that time Professor of Oriental languages in Jena; in 1793 he became Professor of Theology at the same university. His native place was Leonberg, a small town in Würtemberg, not far from Stuttgart.— l. 27. Schiller's treatise, which he had to defend publicly, was entitled: *Versuch über den Zusammenhang der thierischen Natur des Menschen mit seiner geistigen*. This dissertation, as well as other speeches delivered by Schiller while at the Karlsschule, are reprinted in Vol. I, Schiller W. H. E.

SCHILLER AN BAGGESEN.

Cp. with this letter the one to Körner, No. 11, p. 25, and *notes*.

Page 167, l. 9. *Sie wissen wie?* i.e., by the illness which nearly cost him his life.—l. 14. It is hardly necessary to remind the reader that Schiller had at that time conceived the idea of writing *Wallenstein*.

Page 168, l. 13. *Die zweite Hälfte*, etc., this refers to the wish that Schiller might visit Copenhagen, and if possible settle there.

Page 169, l. 14, etc. Baggesen, with some other enthusiastic admirers of Schiller, had arranged a celebration in his honour at Hellebeck, a village on the coast of Zeeland, twenty-seven miles north of Copenhagen. When on the point of starting, the news of Schiller's death was brought. But, notwithstanding the grief caused by this report, they set out. Extracts from Schiller's works were read, the *Hymne an die Freude* was sung, to which Baggesen had on the spur of the moment added some appropriate verses. The festivities continued for several days. Baggesen wrote a description of these proceedings to Professor Reinhold, who showed the letter to Schiller, then slowly recovering.

Page 170, l. 1. Sophie was Baggesen's wife, with whom he had visited Jena in the previous year

www.ingramcontent.com/pod-product-compliance
Lightning Source LLC
Chambersburg PA
CBHW031812230426
43669CB00009B/1109